'발가벗은 힘'으로
'나답게' 살아가시길
응원합니다.

Be Yourself!

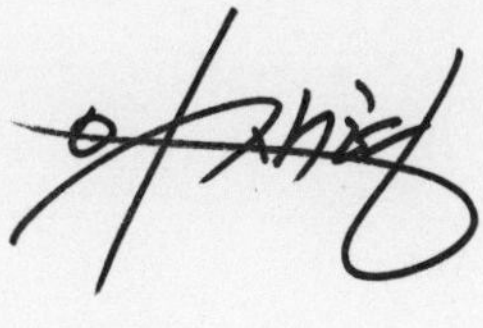

발가벗은 힘

회사 밖에서도 통하는
진짜 역량

발가벗은 힘 **회사 밖에서도 통하는 진짜 역량**

초판 1쇄 발행 2024년 3월 15일

지은이 이재형

책임편집 박새암 **편집** 윤소연 **디자인** 새섬
마케팅 임동건 **마케팅지원** 신현아 **경영지원** 이지원
출판총괄 송준기 **펴낸곳** 파지트 **펴낸이** 최익성

출판등록 제2021-000049호
주소 경기도 화성시 동탄원천로 354-28 **전화** 070-7672-1001
이메일 pazit.book@gmail.com **인스타** @pazit.book

ISBN 979-11-7152-028-2 (03320)

• 책값은 뒤표지에 있습니다.
• 이 책은 '아비요'에서 발간한 〈발가벗은 힘〉을 개정한 책입니다.

발가벗은 힘

Naked Strength

회사 밖에서도 통하는
진짜 역량

이재형 지음

파지트

20년 뒤 당신은 했던 일보다

하지 않았던 일 때문에 더 실망할 것이다.

그러니 밧줄을 풀고 안전한 항구를 떠나라.

탐험하라, 꿈꾸라, 발견하라!

_ 마크 트웨인

외부에서도 통하는 진짜 역량을 갖췄는가?

내 나이 마흔넷 한창 일할 나이에 사표를 던졌다. 원해서 한 퇴사였지만 막상 회사를 그만두고 나니 마음이 편치만은 않았다. 세 아이의 아빠라는 현실도 강하게 어깨를 짓눌렀다. 새로운 인생의 시작을 축하하는 의미에서 한동안 여행을 다녔지만 새벽에 눈이 떠지는 날이 많았다. '내가 꿈꾸고 계획한 대로 잘 살아갈 수 있을까? 그동안 내가 노력하고 실천해 왔던 것들이 헛수고로 끝나지는 않겠지?' 낙관적 성향이 강한 나지만, 기대만큼 걱정도 앞섰다. '나의 낙관주의가 회사라는 울타리 안에서만 작동했던 건 아니겠지?'라는 생각과 함께 불안감마저 들었다.

그런데 2개월쯤 지나자 기적 같은 일들이 일어나기 시작했다. 강의, 코칭, 자문 의뢰가 들어오기 시작하더니 본격적으로 일을 시작하고 3개월간의 수입이 회사에서 받은 3개월 치 급여를 상회했다. 기대 이상의 결과였고, 자신감이 생기기 시작했다.

물론 내가 하는 일이 성수기와 비성수기의 수입 편차가 큰 편이지만 퇴사 후 야생에 나와서 돈을 벌어 본 사람이라면 이 결과에 고무된 내 마음을 충분히 이해할 것이다. 회사라는 울타리를 벗어나 돈을 번다는 게 결코 쉬운 일이 아니기 때문이다. 무엇보다 회사에 다니면서 꾸준히 자기 계발을 하면서 미래를 준비했던 게 헛되지 않았음을 증명한 듯해 뿌듯하고 감사한 마음이 들었다.

퇴사 후 1년이 지난 시점에서 나는 가슴이 원하는 일을 하면서 억대 연봉을 버는 전문가로 연착륙했고, 곧이어 찾아온 코로나 팬데믹도 무사히 넘길 수 있었다. 퇴사 후 2~3년이 지난 후엔 업계에서 CEO·임원 코칭 전문가이자 비즈니스 코칭 전문가로 인정받으며 '대한민국 올해의 코치상'을 수상하게 되었고, 수억 원대 연봉을 버는 탑티어top tier 수준의 전문가로 자리매김할 수 있었다. 퇴사 후 5년이 지난 현재는 법인회사를 창업해 임직원들과 함께 회사를 성장시키는 기쁨을 경험하고 있다. 대표로서 임직원들과 함께 비전을 실현해 가는 경험은 직장인

또는 1인 사업가로 활동할 때와는 사뭇 다르고 책임감도 막중하지만 훨씬 큰 보람을 느끼고 있다.

경영자로서뿐 아니라 코칭하고 강의하는 일에서도 큰 보람을 느끼고 있다. 요즘 가장 뿌듯함을 느낄 때는 기업의 CEO · 임원을 코칭할 때다. 한 개인과 그가 경영하는 조직이 변화하고 성장하는 과정을 함께할 수 있기 때문이다. 조직에서 '리더'의 중요성은 백 번, 천 번 강조해도 지나치지 않는다. 리더가 누구냐에 따라 구성원의 성장, 행복, 성과가 좌우되기 때문이다.

따라서 내가 하는 일은 그 의미가 매우 크다고 할 수 있겠다. CEO · 임원 코칭은 인생 후반에 가장 하고 싶었던 일인데 생각보다 그 일을 일찍 시작할 수 있게 됐다. 또한 직접 개발하여 진행하고 있는 '코어 비즈니스 코칭CBC: Core Business Coaching' 프로그램을 통해 코치형 리더를 양성하고 있는데 이 일에서도 역시 큰 보람을 느낀다. 전문 코치가 되지 않더라도 코칭을 배우면 리더십, 대인관계, 가족관계, 커뮤니케이션 스킬 등 측면에서 큰 도움이 된다. 그리고 제2의 인생을 전문 코치로 살아가고자 하는 분들에게 코치는 매우 좋은 직업이자 매력적인 '평생 직업'이라고 말하고 싶다.

퇴사 후 한동안 내 마음 한편엔 늘 불안감이 존재했었다. 하지만 현재는 불안감보다는 든든한 마음이 더 크다. 생각해 보면 직장인으로 살아갈 때도 불안하기는 마찬가지였다. 그렇다면 '직장인'보다 내 삶을 주도적으로 살아가는 '평생 직업인'으로 살아가는 게 훨씬 낫지 않겠는가! 그리고 회사의 대표로서 임직원들과 함께 성장해 나가는 기쁨은 그 무엇과도 비교할 수 없는 소중하고 보람된 경험이다.

회사에 다니면서 나는 일도 열심히 했지만 틈틈이 자기 계발에 공을 들였다. 퇴사 전에 네 권의 책을 썼고, 신문과 잡지 등에 칼럼을 연재하기도 했다. 또 가끔 외부에서 강의하거나 전문 코치·퍼실리테이터·멘토로 활동하며 경영자, 사업가, 창업가, 스타트업 등의 변화와 성장을 도왔다. 물론 회사 일에 지장을 주지 않는 선에서였다.

이런 일들은 내 가슴을 뛰게 했고, 뿌듯했다. 그래서 '개인과 기업의 본질적 성장과 변화를 돕는 최고의 전문가'라는 비전과 '내가 보유한 지적 역량을 사회에 환원하여, 보다 가치 있는 세상을 만드는 데 일조한다'는 신념을 세우고 '퇴직 후에는 전문가의 삶을 살겠노라' 다짐해 왔다. 적지 않은 가외 수입도 덤으로 얻을 수 있었다.

회사에 다닐 때, 일과 삶의 균형을 이루고 다양한 활동을 소화했던 나에게 회사 동료들과 지인들은 감탄과 놀라움, 부러움, 때론 의아하다는 눈빛으로 물었다.

"도대체 책은 언제 쓰세요?"

"책을 출간한 후에 삶이 어떻게 달라졌나요?"

"책과 칼럼의 소재는 어디서, 어떻게 얻으세요?"

"회사 연봉 외에 얼마나 더 버시나요?"

"자기 계발을 잘하는 특별한 노하우는 무엇인가요?"

"시간 관리는 어떻게 하세요?"

"회사 일과 개인 활동의 밸런스를 어떻게 유지하세요?"

"제2의 인생 준비를 어떻게 해야 할지 조언 좀 해 주세요."

충분히 궁금해 할 만한 질문들이다.

장난기 많은 친구나 지인들은 말하곤 했다.

"너, 회사 일은 제대로 하고 있냐? 그러다 잘리는 거 아냐?"

나는 다니던 회사의 지원으로 미국에서 MBA 과정을 밟았다. 그리고 40대 초반에 기업의 전략, 재무회계, 인사, 총무 업무를 총괄하는 CFO(최고재무책임자) 겸 경영기획총괄로 일했다. 내가 자기 계발에만 신경 썼다면 이런 혜택과 중책은 주어지지 않았을 것이다.

나는 회사에 다니면서 회사와 개인의 생활, 현재와 미래, 해야 할 일과 하고 싶은 일 사이에서 균형을 유지하려고 노력했다. 회사에서는 철저하게 업무에 집중하고, 퇴근 후와 주말에는 전문가의 삶을 살았다. 회사에 다니는 틈틈이 작가, 칼럼니스트, 강사, 코치 등으로 활동했고, 그 결과 퇴사 후 야생에서 무사히 생존할 수 있었다.

많은 이들이 나에게 제2의 인생에 어떻게 연착륙할 수 있었냐고 묻는다. 퇴사 교육 프로그램을 운영하는 기관에서 '직장인 지식전문가되기' '직장인 강사·코치 준비하기'라는 제목으로 강의를 한 적도 있다. 또 자신의 성장과 제2의 인생 준비에 관심이 많은 직장인들의 요청으로 그들에게 멘토링을 하기도 했고, 개인적으로 상담을 요청한 사람들을 만나 조언을 하기도 했다. 퇴사 후 지금도 많은 이들이 나를 찾아온다. 그중엔 퇴직 후 방황하는 임원들도 많다. 하지만 한두 번의 만남으로 이들에게 세세한 내용까지 얘기해 주기에는 한계가 있다. 이 책을 쓴 이유가 바로 여기에 있다.

이 책은 현재보다 성장해 있는 나를 꿈꾸며 미래에 대해 고민하고 실천했던, 그리고 실제로 그 꿈을 실현해 가고 있는 나의 성장 여정을 담고 있다. 나의 경험을 통해 얻은 노하우와 통찰을 공유함으로써 비슷한 고민을 하는 직장인들이 시행착오를 줄이고 자신만의 노하우를 빠르게 구축할 수 있었으면 하는 바람이다.

물론 모든 사람이 나처럼 살 필요는 없다. 다만 오늘을 밑거름 삼아 보다 나은 내일을 살고 싶은 사람, 혹은 퇴사 후 자신이 원하는 삶을 살고 싶은 사람, 퇴사 후에도 자신이 소망하는 삶을 실현하고 싶은 사람이라면 이 책에서 힌트를 얻을 수도 있을 것이다.

직장인들이 겪는 스트레스와 불안감에는 미래에 대한 걱정이 깔려 있다. 그러나 어떻게 미래를 준비할 것인지에 대해 걱정만 앞섰지, 그 해결책은 갖고 있지 않은 듯하다. 워라밸 시대가 도래했지만 '퇴근 후 뭐하지?'라는 생각만 머릿속에 맴돌 뿐, 그 시간에 대해 구체적으로 계획하고 있는 사람은 많지 않은 듯하다.

나 또한 그랬다. 한때는 가슴 한편이 무척이나 허하기도 했고, 안개 속을 걷는 것처럼 막막했던 적도 있었다. 그랬던 내가 어떻게 스스로 가슴 뛰는 비전을 제시했고, 그 비전을 현실화하고 소기의 성과를 거둬들이고 있는지 들려준다면 고민 많은 직장인에게 도움과 위안이 되리라고 본다.

이 책의 제목이기도 한 '발가벗은 힘'은 회사에서 얻은 명함에 기대지 않고 외부에서도 통용되는 진짜 역량을 말한다. 자신이 지향하는 곳이 조직 안이라면 '발가벗은 힘'을 갖춤으로써 조직 안에서의 경쟁력을 그만큼 강화할 수 있을 것이다. 그러나 누구에게나 조직을 떠나 홀로서기를 해야 할 때가 온다. '발가벗은 힘'은 그때 자신의 역량으로 홀로서기를 할 수 있는 힘이 될 것이다. 결국 '발가벗은 힘'을 키우면 언제든 퇴사하고 싶을 때 퇴사할 수 있고, 야생에서 자신 있게 생존할 수 있으며, 자신이 원하는 삶, 자유로운 인생을 살 수 있는 것이다. 결국 '발가벗은 힘'은 회사 안에서나 밖에서나 필요한 힘이다.

이 책의 이야기는 회사 생활과 개인이 원하는 삶이라는 두 마리 토끼를 잡는 해법, 퇴사 후 자신이 원하는 삶으로 안착할 수 있는 비법에 국한되지 않는다. 직장인으로서 가치관을 어떻게 세우고 실행하느냐에 따라 삶이 얼마나 충만하고 행복해질 수 있는지도 말하고 있다.

'발가벗은 힘'을 갖춘다면 당신이 있는 곳이 회사 안이든, 회사 밖이든 상관없다. 그리고 당신이 살고 싶은 인생을 마음껏 누리기에 부족함이 없게 될 것이다. '발가벗은 힘'을 길러 당신도 당신다운 삶을 자유롭게 살아가기를 바란다.

이재형

차례

005 **프롤로그** | 외부에서도 통하는 진짜 역량을 갖췄는가?

015 **시작에 앞서** | 우리 모두에겐 무한한 가능성이 있다

1 엔진

021 **내 삶을 움직이는 엔진은 무엇인가?**

036 **스스로 한계를 정해 놓고 있지는 않은가?**

046 **서른일곱, 평생 하고 싶은 일을 찾다**

2 스노우볼

061 **현재 업무의 연장선상에서 평생 할 수 있는 일은 무엇일까?**

073 **평범한 직장인이 전문가로 거듭나는 비결**

077 전문 분야를 정해 깊게 파라

083 스노우볼을 만들라

093 암묵지와 형식지를 통합하라

099 워라인을 하고, 링크하라

103 자신의 성장을 위해 투자하라

106 시간을 지배하고, 프로가 되라

112 가슴 뛰는 비전과 훌륭한 목적을 정하라

3 발가벗은 힘

123 나는 발가벗은 힘이 있는가?
133 나는 누구인가?
138 회사에 다니면서 플랜 B를 완성하라
149 4말5초 시대, 직장인의 스마트한 인생 전략
157 시간이 흐른다고 미래가 되는 것은 아니다

4 혼자 있는 힘

173 휴식도 전략이다
190 일찌감치 고독을 연습하라

5 덕업일치

203 좋아하는 일이 밥 먹여 주는 시대

6 나답게 살기

219 가장 깊게, 가장 자주 만나야 할 사람은 바로 나!
233 '지금, 여기'를 사는 것으로 삶은 완성된다

우리 모두에겐 무한한 가능성이 있다

아리스토텔레스는 인간의 삶이 자아의 잠재적 가능성의 실현 과정이라는 것을 처음으로 언급한 사람입니다. 그는 "인간은 자아실현의 과정을 통해 궁극적으로 행복에 이를 수 있다"고 말했습니다.

저는 아리스토텔레스가 말한 '행복'이 진정으로 무엇을 의미하는지 알아 가고 있는 것 같습니다. 프롤로그에서 말씀드렸듯이 저는 회사에 다니면서 미래를 준비했고, 퇴사 이후 제2의 인생에 연착륙하며 원하는 삶을 살아가고 있습니다. 저는 이 책에서 저의 성장 과정과 이를 통해 얻게 된 더 중요한 자산들에 관해 이야기하려고 합니다. 자신의 가능성과 잠재력을 발견하고 재능을 찾아 발전시켜 나가는 과정에서 더 충만하고 행복하게 살아가는 방법을 독자 여러분과 나누려고 합니다.

대다수 직장인의 고민은 크게 두 가지인 듯합니다. 먼저 어떤 인생을 살아갈지, 즉 삶의 방향에 관한 문제입니다. 다음은 원하는 삶을 어떻게 실현해 나갈지에 관한 것입니다. 저는 이 두 가지 큰 고민에 대한 답을 찾았습니다. 주목할 점은 제가 30대 후반부터 본격적으로 고민하기 시작했다는 것입니다. 이르지도, 늦지도 않은 나이였죠.

40~50대에 시작하면 늦지 않냐고 질문하는 분들이 있는데 절대 늦지 않습니다. 우리는 100세 시대를 살아가고 있습니다. 그러니 지금부터라도 준비한다면 원하는 삶을 살 수 있습니다.

단, 부지런히 준비하되 너무 서두르지는 마세요. 《논어》에 '위산일궤爲山一簣'라는 말이 나옵니다. '산을 다 쌓는 것은 한 삼태기의 흙에 달려 있다'는 말입니다. 하나씩 조금씩 쌓아 가는 반복된 일상은 결코 사소하지 않습니다. 기초가 튼튼하지 않으면 쉽게 무너집니다. 자기 계발과 제2의 인생 준비도 마찬가지입니다. 먼저 삶의 방향에 대한 본질적인 고민을 정리한 후, 원하는 삶을 실현할 기초들을 차근차근 쌓아 나가야 합니다.

이 책은 '이재형의 돈오점수頓悟漸修'에 관한 이야기라고 할 수 있습니다. '돈오점수'는 문득 깨달은 바를 점진적으로 수행해 간다는 뜻입니다. 제가 무엇을 깨달았기에 그토록 자기 계발을 열심히 했는지, 나의 꿈과 비전을 실현하기 위해 어떤 노력을 했는지 그리고 지금은 무엇을 수행해 가고 있는지 저의 성장 스토리를 솔직담백하게 들려 드릴까 합니다.

저는 이 책을 통해 제가 몸소 체험한 충만하고 행복한 삶, 궁극적으로 자신이 원하는 삶을 사는 직장인이 되기 위한 비결에 관해 이야기하려고 합니다.

시작하기에 앞서 국제코칭연맹ICF 인증코치 자격을 갖추고 있는 전문 코치로서 코칭의 기본 철학 세 가지를 말씀드릴까 합니다.

1. 모든 사람에게는 무한한 가능성이 있다.
2. 그 사람에게 필요한 해답은 모두 그 사람 안에 있다.
3. 해답을 찾기 위해서는 파트너(코치)가 필요하다.

제 이야기가 끝나갈 무렵 여러분은 자신이 고민하고 있던 모든 문제의 해답이 자신에게 있다는 놀라운 사실을 알게 되실 것입니다. 왜냐하면 자신을 가장 잘 아는 사람은 결국 자기 자신이기 때문입니다. 저는 해답을 찾을 수 있도록 돕는 파트너가 되어 드릴 뿐입니다. 중요한 건 우리 모두에게는 무한한 가능성이 있다는 것입니다.

"나이는 숫자에 불과하다"라는 광고 카피도 생각나는군요. "낭비한 시간에 대한 후회는 더 큰 시간 낭비다"라고 말한 미국의 작가 메이슨 쿨리Mason Cooley의 아포리즘도 떠오릅니다.

그럼 이야기를 시작하겠습니다. 자신의 가능성을 믿고 편안한 마음으로 따라오시길 바랍니다.

1

엔진

내 삶을 움직이는 엔진은 무엇인가?

스스로 한계를 정해 놓고 있지는 않은가?

서른일곱, 평생 하고 싶은 일을 찾다

"

내 삶을 이끄는 동력,

즉 **엔진**은 무엇인가?

무엇이 그 **엔진**을 계속해서

힘차게 펌프질하는가?

"

내 삶을 움직이는 엔진은 무엇인가?

'내 삶을 이끄는 동력, 즉 엔진은 무엇인가? 무엇이 그 엔진을 계속해서 힘차게 펌프질하는가?'

충만하고 행복한 삶을 사는 직장인, 궁극적으로 자신이 원하는 삶을 사는 직장인이 되기 위한 첫 번째 비결은 이 질문과 관련이 있다. 엔진이 꺼지면 차가 멈추듯, 우리 삶도 엔진이 꺼지면 무력감과 공허함이 밀려오고 삶의 낙은 사라진다. 직장 초년병 시절, 나는 이 질문의 답을 찾기 위해 고군분투했다. 그리고 다행히 그 답을 찾았다.

나는 2002년, KTFKorea Telecom Freetel라는 회사에 공채로 입사했다. 국내 이동통신 역사의 한 획을 그었던 이 회사는 2009년 모회사인 KT에 합병되어 지금은 역사의 뒤안길로 사라졌다. 2002년 월드컵 당시 'Korea Team Fighting'이라는 구호를 내건 마케팅으로도 잘 알려진 KTF는 당시만 해도 참신한 광고로 대학과 대학원 예비 졸업생들의 가슴을 설레게 했다.

"나이는 숫자에 불과하다" "차이는 인정한다. 차별엔 도전한다" 등 'KTF적인 생각'이라는 제목의 광고를 보면서 나 역시 매료되었고, 이 회사에 꼭 입사해야겠다고 생각했다. 그런데 마침 공채 3기 공고가 났다. 당시 대학원에서 마지막 논문 학기를 남겨 두고 있던 나는 기회를 놓치고 싶지 않아 지원서를 접수했다. 그리고 정말 운이 좋게도 108 대 1이라는 경쟁률을 뚫고 합격했다. 나의 첫 직장 생활은 그렇게 시작되었다.

당시에는 신입 사원 연수 후 대다수가 현장으로 배치되었다. 공대 출신은 네트워크 부문, 상경대나 인문대 출신은 영업 부문으로 발령받아 최소 2~3년 근무한 후 본사 기획·지원 부서로 갈 수 있었다. 공대 출신인 나는 네트워크 부문으로 배치되었고, 2년간 무선망 설계 및 최적화 업무를 담당했다. 종종 기지국과 중계기가 설치된 50미터 철탑에 올라가야 했는데 다리가 후들거리고 손에 땀을 쥐게 하는 이 일은 정말이지 내 적성에 잘 맞지 않았다. 그래서 커리어에 대해 고민했다. 몇몇 동기들은 고민이 더 심각했고, 그중 몇 명은 입사 1년 전후로 퇴사나 이직을 선택했다. 하지만 1997년 외환위기 이후의 취업난 속에서 어렵게 입사한 회사였고, 행여나 대리 승진에 불이익을 받을까 싶어 나는 승진 전까지 이런 고민을 잘 꺼내 놓지 않았다.

1년 선배들만 해도 입사 2년 후 전원 대리로 자동 승진되었는데 우리 때부터는 승진 적체로 인해 입사 동기 중 30퍼센트만 승진이 되었다. 그래서 동기들은 시대를 잘못 타고났다며 툴툴거리곤 했다. 다행히 나는 승진 대상 첫해에 대리로 승진할 수 있었다. 승진 발표가 난 후 팀장님께 커리어에 대한 고민을 진지하게 말씀드렸다. 내 진심이 통했는지 팀장님은 나를 본사에서 일할 수 있게 배려해 주셨다.

여기서 잠깐, 직장 초년생에게 팁을 주자면 자신의 재능과 적성을 빨리 알아차리라는 것이다. 만약 현재 직무가 자신과 잘 맞지 않는다고 느낀다면 가능한 한 빨리 바꾸라고 말하고 싶다. 눈치를 보면서 한 해 두 해 보내면 직장 생활은 점점 더 괴로워진다. 따라서 상사와 솔직히 터놓고 이야기하는 것이 자신과 회사 모두에게 좋을 수 있다.

업무에 대한 보람이 곧 동기부여

본사 전략기획 부문으로 자리를 옮기게 된 나는 회사의 전략을 수립하는 일을 시작으로 기업문화를 정립하고 변화와 혁신 방법론을 수립하고 추진하는 일을 담당했다. 전사 차원에서 큰 그림을 그리고, 회사와 구성원을 변화시키는 일을 한다는 데 대해 자부심을 느꼈다. 무엇보다 내 적성에 잘 맞았다.

당시 우리 팀은 차장·부장급 혁신 리더와 대리·과장급 청년이사회를 운영하고 있었는데 이들을 육성하기 위해 정기적으로 워크숍을 준비하고 진행했다. 덕분에 좋은 교육도 많이 받고 책도 많이 읽을 수 있었다. 무엇보다 좋았던 건 차장·부장급 혁신 리더, 대리·과장급 청년이사회 멤버들과 치열하게 토론하면서 사고의 폭과 깊이를 확장할 기회를 가졌다는 것이다.

또 팀의 막내로서 실력 있는 과장·차장급 선배들과 일하면서 배우는 것이 많았다. 당시 실장님(상무)과 팀장님(부장)은 '왜?'라는 근본적인 질문을 던지고, 본질과 현답을 찾기 위해 항상 공부하는 자세를 가진 분들이었다. 이런 상사들을 만난 것은 큰 행운이었다.

사람은 무언가를 배우고 지속 성장하고자 하는 '성장의 욕구'가 매우 강하다. 이는 매슬로A. H. Maslow가 말한 인간의 5단계 욕구(생리적 욕구 - 안전에 관한 욕구 - 애정과 소속에 관한 욕구 - 존경의 욕구 - 자아실현의 욕구) 중 최상위 단계인 '자아실현의 욕구'에 해당한다. 대리 시절의 이런 경험은 나의 자아실현 욕구를 충족시켜 주었을 뿐 아니라 전문가로 성장할 수 있는 밑거름이 돼 주었다.

아, 성장 따위 됐으니 승진이나 시켜주세요

좌절도 경험했다. 과장 승진에서 2년 연속으로 고배를 마셨다. 부장이나 임원 승진도 아니고 과장 승진에서 2년 연속 탈락한 사건은 나에게 큰 좌절감을 안겨 주었다. 나는 자아실현 욕구도 강하지만 성취욕도 큰 사람이다. 그래서 2년 연속 승진에서 탈락했다는 사실을 받아들이기 힘들었다. 대다수가 자신을 과대평가하듯 나 또한 내가 일을 잘한다고 평가하고 있었다. 특히 팀의 막내지만 선배들 못지않게 중요한 일을 맡고 있었고,

잘 해내고 있다고 생각했다. 그래서 인사평가 철이 되면 늘 좋은 평가를 기대하곤 했다. 그런데 그 기대가 두 번이나 연속해서 무너진 것이었다.

당시에는 팀 내 모든 구성원을 대상으로 상대평가를 했다. 한 팀의 사원부터 차장급까지 함께 평가한 것이다. 그 때문에 후배 사원들이 불이익을 당하는 일이 종종 있었다. 또 승진 대상자에게 중요한 업무를 몰아주거나 평가 점수를 잘 주는 일도 빈번했다. 인사평가 철이 되면 상사에게 잘 보이기 위해 매일 야근을 불사하는 직원들도 많았다.

당시 우리 팀에는 차장 승진 대상자인 선배들이 세 명이나 있었고, 나까지 포함하면 승진 대상자가 네 명이나 됐다. 선배들의 경쟁이 치열한 상황에서 나 같은 대리 나부랭이가 평가를 잘 받기는 사실상 힘든 구조였다. 설상가상 우리 실에는 나보다 먼저 대리가 된 선배들도 몇 명 있었다. 그들 역시 같은 이유로 최소 1, 2년은 과장 승진이 늦어졌다. 말하자면 어느 정도 연공서열에 따라 기다려야 하는 미덕도 필요했다.

반면 부서에 승진 대상자 선배들이 없는 입사 동기들은 인사고과도 잘 받고, 과장 승진 대상 첫해에 바로 승진했다. 물론 일을 잘해서 승진한 예도 있지만 운이 작용한 예도 있었다.

이런 상황을 이해한다고 하더라도 속상했고, 좌절감은 컸다. 선배들은 "너무 속상해 하지 마. 결국 차장에서 다 만난다"며 위로했지만 그 말도 큰 도움이 되진 않았다. 한동안 퇴사와 이직에 대해 고민했다. 연공서열에 따라 승진시키는 회사라면 비전도, 희망도 없다는 생각이 들었다. "나이는 숫자에 불과하다" "차이는 인정한다. 차별엔 도전한다"는 그저 광고 카피일 뿐 그 이상도 이하도 아니라는 생각이 들었다. 내 인생엔 빨간불이 켜졌고, 뿌연 안개 속에서 길을 잃은 것 같았다. '늘 낙관적이던 내가 이렇게 비관적이 될 수도 있구나'라는 생각에 회의감이 밀려왔다.

나 자신에게 던진 질문들

그런데 어느 날 문득, 이런 생각들이 떠올랐다.

'퇴사하면 문제가 해결되는가?'

'이직한다고 치자. 다른 회사에는 이런 문제가 없는 것인가?'

'내가 정말 실력이 부족해서 승진을 못한 것인가?'

'회사가 나의 비전을 만들어 주는 곳인가?"

'아니, 내 인생의 비전은 스스로 만들어 가야 하는 것 아닌가?'

'그런데 승진이 내 인생의 비전인가?'

'승진이 안 되면 매번 퇴사를 결심할 것인가?'

갑자기 이런 질문들이 꼬리에 꼬리를 물고 이어졌다. 이렇게 자문자답하다 보니 생각들이 정리되었고, 나란 사람이 작고 한심하다는 생각이 들었다. 가만히 내 마음을 들여다봤다. 그리고 차분하게 생각을 정리한 후 나 자신에게 다음과 같은 질문을 던졌다.

1. 나의 인생 목표가 승진인가?
2. 내가 열심히 일했던 이유는 무엇인가?
3. 내 삶은 무엇에 의해 동기부여되는가?

이 질문들에 대해 다음과 같은 답을 얻었다.

1. 아니! 내 인생 목표는 승진이 아니다.
2. 그 일이 좋아서, 성장한다는 느낌이 있어서
3. 무언가를 배우고 성장한다는 느낌이 들 때

나는 무언가를 배우고 지속 성장하고자 하는 성장의 욕구, 자아실현의 욕구가 강한 사람이다. 물론 승진까지 되면 금상첨화겠지만 승진이 삶의 궁극적인 목표는 아니라는 생각이 들었다.

심리학자 프레데릭 허즈버그F. Herzeberg의 '동기부여 이론'에는 '동기 요소motivation factor'와 '위생 요소hygiene factor'가 있다.

동기 요소는 자발적으로 행동하게끔 만드는 요소들을 말한다. '내적 동기'라고도 할 수 있다. 업무를 통해 지식과 경험이 축적되고, 회사에서 받는 양질의 교육과 워크숍 등을 통해 성장·발전하고 있다는 기쁨을 느끼며 그로 인해 동기부여되는 것이다.

위생 요소는 없으면 불편하거나 불쾌해지는 요소들을 말한다. '외적 동기'라고도 할 수 있다. 열심히 일했지만 상사가 칭찬·인정을 하지 않거나 평가가 안 좋거나 승진이 안 돼서 불쾌해지고 힘들어지는 상황을 말한다. 사내에서 어떤 활동을 열심히 했는데 물질적 보상이 없거나 평가에 반영되지 않는 것이다.

스스로 던진 질문에 대한 답을 허즈버그의 동기부여 이론에 대입한 결과, 다음과 같은 결론에 도달했다.

'내 삶이 평가 결과나 승진 등에 의해 동기부여된다면, 결국

난 행복하지 않을 거야.'

나는 외적 동기보다 내적 동기에 큰 행복을 느끼는 사람이라는 결론에 도달했고, 내적 동기에 집중하자고 결심했다. 그 순간, 가슴이 뛰었다. 정말이지 진리를 얻은 순간이었다. 그리고 다짐했다.

> 내 가슴이 원하는 대로 살자!
> 일을 즐겁게 하고, 그 안에서 가치를 찾자
> 승진 말고 외부에서도 인정받을 수 있는 진짜 나의 역량을 키우자

생각이 이렇게 정리되자 마음이 한결 가벼워졌다. '차장에서 만난다'는 선배들의 말은 큰 위안으로 바뀌었다. 사람 마음이 참 간사하다. 그런데 나중에 보니 그 말이 사실이었다.

실제로 '인생지사 새옹지마人生之事 塞翁之馬'라는 말처럼 나중에는 순서가 뒤바뀌기도 했다. 가장 먼저 과장으로 승진했지만 가장 늦게 차장이 되기도 하고, 주목받지 못했던 사람이 나중에 승진 속도가 가장 빨라 일찌감치 팀장이나 임원이 되기도 했다. 나도 늦게 과장으로 승진됐지만 팀장 직책은 일찍 달았고, 40대 초반에 계열사의 CFO 겸 경영기획총괄이라는 중책을 맡았다.

외부에서도 통하는 진짜 역량이 필요해

직장에서의 승진을 내가 잘나서라고 생각하면 큰 오산이다. 승진하기 위해서는 첫째, 역량과 성과를 인정받아야 하고, 둘째, 주변의 도움이 있어야 하며, 셋째, 운도 따라줘야 한다.

야생에서도 마찬가지다. 조직을 떠나 회사 밖에서 연착륙하려면 자신의 역량이 회사 밖에서도 통해야 하고, 주변에 도와주는 사람들이 있어야 하며, 운도 따라줘야 한다. 내 경우도 마찬가지였다.

중요한 것은 내가 승진 탈락을 계기로 '외부에서도 통하는 진짜 역량을 길러야겠다'라는 결심을 한 것이었다. 내가 팀장이나 임원으로 승진하더라도 평생 그 직책을 가지고 살아가는 건 아니다. 잘 나가다 하루아침에 보직을 잃고 헤매는 경우는 허다하다. 직책은 회사라는 울타리에 속해 있을 때 잠시 주어지는 것이다. 물론 퇴직 시 최종 직책은 향후 커리어에 영향을 미친다. 하지만 직책을 자신과 동일시하면 큰 오산이다. 퇴직 후엔 누구나 자연인으로 돌아가기 때문이다. 따라서 회사 밖에서도 통하며, 스스로 생존할 수 있는 진짜 역량이 필요하다.

회사에서 어떤 업무를 했다고 밖에서 전문가로 인정해 주는 경우는 드물다. 예를 들어, 기획과 보고서 작성에 많은 시간을 보내는 사람이 있다. 새롭게 기획하는 일도 있지만 대부분은 자료를 취합, 정리하는 일이 많다. 나 역시 현업 부서에서 자료를 취합하여 잘 정리한 후 보고하는 일을 많이 했다. 그런데 이런 업무를 잘해서 인사평가를 좋게 받았다고 해서 외부에서도 기획 전문가로 인정해 줄까?

물론 기획서나 보고서 잘 쓰는 법에 관한 책을 집필하고, 관련된 강의를 하는 등 전문성을 갖춘 직장인들이 있다. 그들은 외부에서도 '기획 전문가'로 인정받는다. 경영 능력에 관한 전문성을 인정받아 회사를 옮겨 다니면서 경영자로 승승장구하는 사람들도 있다. 그들을 사회에서는 '전문 경영인'이라고 부르며 전문성을 인정한다. 하지만 이런 사람들은 소수에 불과하며, 대다수는 막상 조직을 떠나면 회사에서 역량이라고 여겼던 것들이 아무런 범용성이 없는 잔재주에 지나지 않았음을 깨닫게 되는 경우가 많다. 특히 대기업 직장인의 경우, 혼자서는 정작 콘텐츠 하나 온전하게 만들어 낼 수 없고, 일정 관리나 통제, 검토만을 하는 PMProject Manager 역할을 하는 경우가 대부분이다. 그 결과 기획을 할 수 없는 기획자, 광고를 만들 수 없는 마케팅 담당자, 스스로 제품을 판매할 수 없는 영업 관리자, 설계를 할 수 없는 연구원 등이 양산되고 있다. 사실상 자생력을 잃은 직장인이 되고 마는 것이다.

퇴직한 임원들의 경우는 더 심각하다. 스스로 이력서 한 장 작성하기 어려워하는 사람도 많다. 만약 지금 조직이라는 피라미드의 꼭대기에 있는 사람이라면 사실은 많은 이해관계자와 구성원들이 그 피라미드를 떠받치고 있기에 그 자리에 있을 수 있다는 사실을 알아야 하며, 온전히 자기 능력이라고 생각해서는 안 된다.

핵심은 자생력을 갖추고 시장이 알아주는 전문 역량, 즉 '발가벗은 힘'을 기르라는 것이다. 또 그 역량이 무엇이든 자신의 브랜드로 삼고 자신을 마케팅할 수 있어야 야생에서도 생존할 수 있다는 것이다.

내가 통제할 수 있는 것에 집중하자

'내적 동기에 집중하고, 외부에서도 통하는 나만의 진짜 역량을 기르자'라는 다짐과 함께 나는 또 하나의 중요한 깨달음을 얻었다. 바로 '통제 불가능'한 것과 '통제 가능'한 것에 관한 것이다.

세상을 살다 보면 내가 통제 불가능한 것과 가능한 것들이 있다. 따라서 '통제 가능한 것에 최선을 다하고, 통제 불가능한 것에는 최선을 다하되 그 결과에 미련을 두지 말자'라고 다짐한 것이다.

내가 아무리 잘해도 평가를 잘 받기 어려운 때도 있다. 평가는 내가 하는 것이 아니다. 1차로 팀장이 하고 최종적으로는 임원이 결정한다. 승진도 마찬가지다. 인사위원회에서 결정한다. 나의 통제 범위 밖에 있는 일이다. 운도 따라야 한다. 결국 나의 역할은 '최선을 다하는 것'까지다. 그런데 대다수 사람은 자신이 통제할 수 없는 것에 대해 고민하고 스트레스를 받는다.

반면 내가 통제 가능한 것들이 있다. 퇴근 후 시간을 의미있게 쓰는 것, 자기 계발을 열심히 하는 것, 이를테면 '올해 말까지 자격증을 취득하겠다' '책을 한 권 쓰겠다' '영어 점수를 높이겠다' 등은 내 의지와 노력으로 이룰 수 있는 일이다. 통제 가능한 일인 것이다. 업무도 마찬가지다. 예외적인 상황을 제외하고는 나의 의지와 노력에 따라 어느 정도 일정과 질을 통제할 수 있다. 너무 당연한 말이지만 나는 또 하나의 큰 진리를 얻은 느낌이었다.

시간이 지나 그때의 나를 분석해 보면 나는 '성취형 인간'이기도 했지만 '경쟁형 인간'이기도 했다. 이 두 가지 유형은 비슷한 것 같지만 상당히 다르다.

경쟁형 인간은 경쟁 대상을 이기거나 다른 사람들에게 칭찬받거나 외적인 것에서 동기를 찾는다. 반면 성취형 인간은 자신이 설정한 목표를 달성하거나 내적인 것에서 성공의 동기를 찾는다. 성취형 인간은 현실적이면서도 달성 가능한 목표에 집중하고, 스스로에게 동기를 부여하는 특징이 있다. 결국 자신에게도, 타인에게도 보다 '건설적'이다. 따라서 우리는 남들보다 더 잘하기 위해 애쓰기보다 '지금의 나'보다 잘하려고 애쓸 필요가 있다.

이런 몇 가지 깨달음 끝에 나는 '거사'를 도모하기로 결심했다.

스스로 한계를 정해 놓고 있지는 않은가?

몇 가지 깨달음을 얻은 나는 진짜 역량을 키우고 전문가로 성장하기 위해 고심 끝에 공부를 더 해야겠다고 결심했다.

지금 내게 필요한 역량은 무엇인가?

나는 대학과 대학원에서 산업공학을 전공했다. 산업공학은 기술과 경영을 아우르는 다학제적 학문으로 넓게 배울 수 있다는 장점도 있지만 반대로 공학도, 경영학도 깊이 배우지 못한다는 단점도 있다. 전략기획 부문에서 일하면서 경영학적 접근 방법, 특히 실용적 접근이 필요하다는 걸 피부로 느꼈는데, 일하면 할수록 그 기반이 부족하다는 사실을 깨달았다. 일하는 데 큰 지장은 없었지만 해당 분야에서 경쟁력을 갖추려면 공부가 필요하다는 생각이 들었다. 나는 MBA를 통해 부족한 부분을 채울 수 있을 거라는 결론을 내렸다.

당시 회사에서는 대학원 학비는 물론 생활비까지 지원해 주는 다양한 교육 프로그램을 운영하고 있었다. 매년 몇 명의 직원을 선발해 국내 및 해외 MBA나 석사·박사 학위 과정을 밟을 수 있도록 지원하는 프로그램이었다. 나는 이 프로그램에 지원해 보기로 마음먹었다.

새로운 목표가 생기니 기운이 났고, 언제 그랬냐는 듯 다시 일에 매진하기 시작했다. 그런데 마침 실장님이 내 마음을 읽기라도 한 듯 내게 말씀하셨다. MBA 과정에 지원해 보지 않겠냐고. 그럴 의향이 있다면 추천서도 써 주겠다고 했다. '아, 이렇게 일이 잘 풀리다니!' 내 입가에 미소가 가득 피어났다.

어쩌면 실장님은 내게 미안한 마음을 갖고 있었는지도 모른다. 늘 구성원들의 성장에 관심을 가지는 분이셨고, 직원 한 명 한 명을 챙기는 분이셨다. 아마도 선배들 틈바구니에서 승진이 밀려 있는 나에게 측은지심이 생겼던 것일 수도 있다.

팀장님께 이 사실을 알렸더니 알고 있다는 듯 싱긋 웃으며 한마디 하셨다.

"준비하는 자에게 기회가 온댔어!"

그때 팀장님이 툭 던졌던 이 말은 내게 큰 울림이 되어 다가왔다.

나는 삶의 진리에 대한 느낌이나 생각을 간결하고 날카롭게 표현한 이런 식의 아포리즘에 자극받는 경향이 있다. 그런데 시의적절한 이 말이 들어와 꽂혀 버린 것이다. 팀장님의 지원사격에 정말 힘이 났다.

당시 회사에서는 '카이스트 테크노 MBA' 지원자를 선발하고 있었는데, 실장님은 내게 그 프로그램에 지원해 보라고 하셨다. 그런데 나는 이왕 MBA를 할 거면 해외에서 하고 싶었다. 그래서 추천서는 다음에 해외 MBA 선발이 있을 때 써 주시면 좋겠다고 솔직히 말씀드렸다. 선배들은 무슨 배짱을 부리냐며 추천서를 써 주겠다고 할 때 그냥 지원하라고도 했다. 하지만 나는 결심을 굳혔다.

그런데 그 후 여러 고민이 생겼다. 해외 MBA는 사내 경쟁도 치열할 뿐더러 선발이 되더라도 지원하는 학교에서 입학허가서를 받지 못하면 기회가 사라져 버린다. 그동안 선발된 선배들을 보면 정말 인정받는 사람들이었고, 대다수는 과장·차장급이었다. 그러다 보니 '대리인 내가 과연 할 수 있을까? 내가 가고 싶은 학교에서 입학허가서를 받을 수 있을까?' 하는 의구심과 불안감이 밀려왔다.

스스로 한계를 정해 놓고 있지는 않은가?

일생의 여행 중 가장 먼, 두 가지 여행이 있다. '머리에서 가슴까지의 여행' 그리고 '가슴에서 발까지의 여행'이다. 머리에서 가슴까지는 '생각하기'에서 '마음먹기'까지의 여행이다. 이 여행은 그나마 쉬운 편이다. 가슴에서 발까지는 '마음먹기'에서 '실행하기'까지의 여행이다. 그런데 이 여행은 더 어렵다. 굳게 마음먹었다고 반드시 실행으로 옮기는 것은 아니기 때문이다. 실제로 가슴에서 발까지의 물리적 거리는 머리에서 가슴까지의 거리보다 멀다.

내가 그랬다. 막상 해외 MBA에 지원하기로 마음은 먹었지만 선뜻 행동이 따라주지 않았다. 일과 공부를 병행해야 한다는 부담이 앞섰고, 선후배, 동료들과의 선발 경쟁에서 이길 자신도 없었다. 토플 공부 외에도 경영대학원 입학시험인 지맷GMAT 준비도 해야 했는데, '무슨 부귀영화를 누리자고 생고생을 하나' 하는 생각도 들었다. 추천서를 받는다고 100퍼센트 선발된다는 보장도 없고, '지원할 시점에 인사이동이 있어서 실장님이 바뀌면 어쩌지?' 하는 생각까지 들었다. 한마디로 '안 되는 온갖 이유'를 찾고 있었다.

그런데 팀 회식이 있던 어느 날, 팀장님께 들은 말 한마디가 정신을 번쩍 들게 했다. 그날 팀 회식 자리가 파할 즈음 팀장님은 불콰하게 물든 얼굴로 나를 향해 말씀하셨다.

"우린 스스로에게 한계를 지으면 안 돼!"

내게 한 말이었는지, 힘든 일이 있으셨던 건지, 아니면 스스로 채찍질을 위해 한 말인지는 알 수 없다. 중요한 건 내가 그 말에 다시 자극을 받았다는 것이다. '그래! 나라고 못 할 거 없지!'라는 생각과 함께 나는 새롭게 각오를 다졌다. 그리고 바로 토플과 지맷 학원 주말반에 등록했다. 드디어 가슴에서 발까지의 여행의 첫발을 내디딘 것이다.

소프트뱅크의 손정의 회장과 알리바바의 마윈 회장은 “일류 아이디어에 삼류의 실행을 더하는 것과 삼류 아이디어에 일류의 실행을 더하는 것 중 무엇을 선택하겠는가?”라는 질문에 동일한 답변을 했다. 그들의 대답은 “삼류 아이디어에 일류의 실천이 낫다”였다.

연 매출 70억 원의 적자 기업 무사시노를 600억 원 규모의 흑자 기업으로 키워낸 사장이자《사장의 말 공부》의 저자 고야마 노보루는 다음과 같이 충고한다. “조금이라도 하는 편이 나은 것 같으면 주저 없이 실행에 옮기고, 아니라고 느껴지면 그때 가서 그만두면 된다.”

당신은 어떠한가? 여전히 말만 하는 사람인가, 아니면 실행하는 사람인가?

준비된 자에게 기회가 온다는 믿음

‘호사다마好事多魔’라고 했던가. 2009년 초, 모회사 KT가 자회사인 KTF를 합병한다는 소식이 들렸다. 그래서 모든 학위 과정 지원 프로그램을 보류한다는 소문이 돌았다. 합병 후에 양사 직원을 통합해서 새로 프로그램을 진행한다는 말도 있었다.

'합병하면 상사가 바뀔 수도 있고, 추천서를 받기도 어려울 수 있겠구나' 하는 생각이 들었다. 그동안 심사위원이 될 만한 주요 임원들에게 눈도장이라도 찍어 놨는데 낭패감마저 들었다.

아니나 다를까 합병 후 실장님은 계열사 임원으로, 팀장님은 타 부서로 발령이 나셨다. 낙동강 오리알 신세가 된 나는 MBA고 뭐고 내 살길을 찾아 홀로서기를 해야 할 것 같아 머릿속이 복잡했다. 하지만 '준비하는 자에게 기회가 온다'고 하지 않던가, 나는 마음을 다잡고 준비를 계속하면서 때를 기다리기로 했다.

합병 후 나는 KT와 KTF 두 회사의 통합 비전, 핵심가치, 기업문화 등을 정립하고 전파하는 일을 했다. PMIPost-Merger Integration(기업 합병 후 통합)라고 불리는 업무 중 하나였다. 새로운 담당 상무님, 부장님은 KT 출신의 처음 뵙는 분들이었고 팀원들도 한 사람을 제외하고는 모두 KT 출신이었다. 'MBA고 뭐고, 실력으로 인정받지 못하면 이 조직에서 도태되겠구나!' 하는 생각에 정신이 번쩍 들었다. '출신 성분'을 극복하기 위해, 홀로서기를 하기 위해서라도 정말 열심히 일했다.

시간이 지나면서 점차 변화에 적응해 갔다. 운 좋게도 새로운 상무님과 부장님과도 잘 맞았다. 또 두 분은 각각 회사 지원으로 해외 MBA 과정과 국내 MBA 과정을 다녀오신 분들이셨다.

합병 후 6개월쯤 지났을 무렵 드디어 공지가 났다. 'KT와 KTF 합병 통합 1기 학위 과정 지원자 선발!' 갑자기 가슴이 두근거리기 시작했다. 나는 부장님과 상무님께 합병 전부터 MBA를 준비하고 있었다며 꼭 지원하고 싶다고 말씀드렸다. 그랬더니 두 분 다 적극적으로 지원사격을 해주시겠다고 했다.

덕분에 서류전형에 합격했고, 이후 면접 준비에 박차를 가했다. 면접은 '왜 MBA를 가야 하고, 왜 내가 선발되어야 하며, 다녀와서 회사에 어떻게 기여할 것인가'에 대해 영어로 프레젠테이션하고, 심사위원들의 질문에 대답하는 방식이었다. 20여 분의 면접 시간이 어떻게 흘러갔는지 지금도 잘 기억나지 않는다. 결과적으로 나는 면접에 합격했고, 이후 준비 과정을 거쳐 내가 원하는 학교에 입학할 수 있었다.

'준비하는 자에게 기회가 온다!' '스스로에게 한계를 짓지 말자!' 이 말들은 허우적대던 나에게 동아줄이 돼주었다. 그리고 지금도 여전히 내 삶에서 각성제 역할을 하곤 한다.

우리는 때론 안 되는 이유를 먼저 생각하고, 통제 불가능한 변수에 집중하기도 한다. 그리고 이를 핑계 삼아 스스로 한계선을 그을 때도 있다. 나 또한 과거에는 그랬다. 하지만 어느 순간부터 준비하는 인생, 스스로 한계를 짓지 않는 태도가 얼마나 중요한지 배웠다.

지금도 마찬가지다. 우리 회사는 창업한 지 얼마 되지 않았지만 나는 우리 회사를 머지않아 업계 최고로 성장시킬 것이다. 그러한 굳은 각오로 일하니 실제로 성과가 나타나고 있다.

당신은 어떤가? 혹시 시도해 보지도 않고 준비조차 하지 않으면서 스스로 한계를 긋고 있다면, '일단 해 보자!'는 도전 정신을 가져보면 어떨까?

로마 시대의 철학가이자 정치가, 사상가, 문필가였던 세네카는 《인생론》에서 "언제든 좌절감을 주는 현실이 닥칠 수 있다"며 "마음먹은 대로 현실을 자유로이 만들어 갈 수 있는 상황과 변화 불가능한 현실을 평온한 마음으로 받아들여야 하는 상황을 구분하는 것이 지혜"라고 말한 바 있다.

나는 직장인들이 스스로 통제하기 어려운 인사고과, 승진, 연봉 등에 매달리기보다 자신의 재능을 계발하고, 꿈과 미래를 찾아가는 성장의 여정을 경험하기를 바란다. 그런 삶이 훨씬 충만하고 행복하기 때문이다. 물론 직장 생활을 하면서 평가, 승진, 연봉 등에 신경 쓰는 건 너무나 당연한 일이다. 하지만 신경 쓰는 것과 매달리는 것은 다르다. 매달리는 삶은 자신을 비참하게 만들 수도 있기 때문이다.

그리고 회사에 다니면서 내가 통제할 수 없는 것에 안달하고 분노하는 대신, 내가 통제할 수 있고 스스로 만들어 갈 수 있는 일에 집중하는 것이 진정한 처세술이 아닐까?

서른일곱, 평생 하고 싶은 일을 찾다

나는 운 좋게도 회사의 지원으로 MBA를 공부했지만 이런 혜택을 모든 직장인이 누릴 수 있는 것은 아니다. 다행히도 최근 직장인들에게 적합한 국내 MBA 과정들이 많이 생겼다. 직장에 다니면서 1년 또는 1년 6개월 만에 졸업할 수 있는 파트타임 MBA도 많다.

개인 비용이 들더라도 MBA를 공부하라고 직장인들에게 권하고 싶다. 투자 가치가 충분하다고 여기기 때문이다. 특히 당신이 공대 출신 직장인이라면 MBA가 도움이 될 것이다.

내 주변에는 국내에서 MBA를 공부한 후 회사 내에서 더 크게 성장하거나 글로벌 기업으로 이직하는 등 커리어 측면에서 더 성장한 사례도 많다. 나 역시 MBA를 공부 후 개인 역량이나 커리어 측면에서 큰 성장을 이뤘다.

미국에서 MBA를 공부하는 동안 나는 물 만난 물고기처럼 신났다. 국내 대신 해외 MBA를 택한 건 탁월한 선택이었고, 고진감래의 경험이었다. 가족들에게도 새롭고 소중한, 평생 잊지 못할 경험을 선사했다. 원하던 공부도 실컷 했고, 여행도 많이 다녔다. 또 여러 나라에서 온 외국인 친구들과 함께 공부하고 교류하면서 배우는 것도 많았다.

MBA 과정을 통해 가장 크게 느낀 점은 스승은 세상 곳곳에 널려 있다는 것이었다. 세상은 넓고 우수한 인재는 정말 많았다. 중요한 것은 역량과 인성, 둘 다 뛰어난 사람이 어딜 가든 환영받는다는 점이었다. 공부도 잘하고 인성도 훌륭한 친구들은 어딜 가든 환영받았다. 그들은 실력이 뛰어나지만 겸손하고, 진지하지만 유머러스하며, 공부할 땐 공부하고 놀 땐 확실하게 놀며, 개인플레이와 팀플레이에 모두 강했다. 나이는 나보다 어리지만 여러모로 성숙한, 세계 각국에서 온 친구들에게서 많은 것을 보고 배웠다.

MBA가 내 미래를 보장할까?

MBA에서는 전략, 재무회계, 마케팅, 조직행동론 등 기업의 경영 실무에 필요한 다양한 과목들을 수강했다. 그중 내가 집중했던 분야는 전략과 조직행동론이었다. 이 두 분야는 그동안 회사에서 해온 일들과도 관련이 있었기에 이론적으로도 중무장하고 싶었다. 그래서 관련된 거의 모든 과목을 수강했고, 외부에서도 인정받는 진짜 역량을 키우자는 다짐에 충실하고자 열심히 공부했다. 이때 공부한 내용은 글을 쓰고 강의하고 코칭하는데 큰 밑거름이 되고 있다.

MBA를 공부한다면 여러 과목을 두루 수강하되 그중 한두 분야는 집중해서 공부하길 권한다. 자신의 주전공이 있어야 한다는 말이다.

공부도 열심히 하고 여행도 다니면서 행복하게 지내던 어느 날이었다. 문득 '이 또한 지나가리'라는 생각이 들었다. 회사에 복귀하면 다시 다람쥐 쳇바퀴 도는 듯한 삶을 살아가게 될 거라는 생각에 정신이 번쩍 들었다. MBA 2년 차에 접어들자 귀국할 날이 점점 다가오고 있다는 생각에 불안감이 밀려왔다.

'MBA 학위가 미래를 보장해 줄까?' MBA를 공부하러 떠날 때만 해도 미래가 보장된 것 같았다. 그런데 생각해 보니 회사의 동료들은 국내외 명문대 출신이거나 석사, 박사 아니면 MBA를 취득한 사람들이 대부분이었다. 소위 '스펙 좋은 사람들'이 많았다. 그래서 차별화된 경쟁력 혹은 미래에 대한 준비 없이 MBA만으로 이들과의 경쟁에서, 혹은 퇴직 후에 성공을 보장받을 수 있을까 하는 의구심이 들었다.

MBA 동기들 역시 회사에서 인정받는 친구들이었지만 졸업 이후의 삶에 대해 진지하게 고민하고 있었다. 나 또한 그들의 영향을 받게 되었고, '외부에서도 인정받을 수 있는 진짜 역량을 키우자'라는 목표를 넘어 삶의 본질적인 부분들을 고민해야겠다는 생각이 들었다. 남은 기간을 의미 있게 보내야겠다는 생각에 밤잠을 설쳐가면서 고민했지만 결론을 내지 못한 채 3개월의 시간이 흘러갔다.

그러던 어느 날, 학교 수업을 마치고 집으로 돌아가는 버스 안에서 멍하니 창밖을 바라보던 내 머릿속에 몇 가지 질문이 스쳐 지나갔다.

'남은 삶을 어떻게 살고 싶은가?'

'세상에 어떤 존재가 되고 싶은가?'

'나에게 성공한 삶이란 어떤 것인가?'

'내가 잘하는 것은 무엇이고, 좋아하는 것은 무엇인가?'

'내 역량을 제2의 인생 직업과 어떻게 연계할 수 있을 것인가?'

질문들에 대한 답을 찾아가는 동안 내 의식은 진취적으로 미래를 구상하고 있었고, 보다 의미 있는 삶을 살아야겠다는 생각이 들었다. 그리고 이제 곧 마흔인데 '직장'만 열심히 다닐 게 아니라 평생 할 수 있는 '직업'이라는 것을 만들어야겠다는 결론에 이르게 되었다.

평생 하고 싶은 일은 무엇인가?

피터 드러커는 "성공이란 목표를 성취하는 것이기도 하지만 중요한 것은 타인의 삶에 영속하는 선한 영향력을 미치는 것이다"라고 말했다. 이 말은 내 고민을 발전적으로 정리하는 데 도움이 되었다. 이후 나는 질문들을 좀 더 구체화시켰다.

'회사 업무의 연장선상에서 평생 할 수 있는 일은 무엇일까?'

회사에서 내가 했던 일들을 생각해 봤다. 전략 수립, 경영 분석, 변화관리, 기업문화 정립, 혁신 리더 양성 등 경영, 전략, IIR 분야의 경영관리 업무였다. 생각해 보니 이런 업무들을 통해 나는 경영자적 안목을 기를 수 있었고, 개인과 조직의 변화에 관심을 가지게 되었다. 무엇보다 내가 좋아하고 즐기는 업무였고, 잘할 자신이 있었다. 그리고 '다른 사람들의 성장과 변화를 돕는다는 건 얼마나 멋진 일인가!'라는 생각이 머릿속에 스치는 순간, 내가 되고 싶은 존재, 평생 하고 싶은 일의 방향이 정해졌다.

'사람을 성장시키는 기술인 코칭을 공부하면 시너지가 나겠구나'라는 결론에 도달한 것이다.

서른일곱,
공부에 미치다

나는 세계적인 코치양성기관에서 진행하는 6개월 과정에 바로 등록했다. 수업료가 비쌌지만 미래를 위한 투자라고 생각하니 아깝지 않았다. 한국에도 코칭 과정이 있고 미국에 비해 비용도 저렴했지만 회사에 복귀하면 시간이 없을 것 같아 현지에서 수강하기로 했다.

내가 살던 미시간 앤아버에서 코칭 수업이 열리는 시카고까지는 차로 4시간 이상 걸리는 거리였다. 장거리 운전이 부담되기는 했지만 나는 부푼 마음으로 그 여정을 기꺼이 즐겼다. 30여 명 동기 중 동양인은 나 혼자였고, 영어로 코칭을 실습해야 해서 진땀이 났다. 하지만 무척 의미 있고 보람찬 시간이었다.

시카고에서 코칭 과정을 수강한 첫날은 마침 서른일곱 생일 무렵이었다. 그날의 벅찬 감정을 나는 지금도 잊지 못한다. 그날 밤 존핸콕타워 마천루에서 시카고 야경을 바라보며 나는 인생 비전을 정리했다.

그동안 나는 세상에 어떤 발자취를 남겼을까? 어쩌면 없거나 티끌보다도 미미할지 모른다. 이제 인생의 반이 남은 시점에서 내가 속해 있는 세상에 무엇을, 어떻게 기여할 것인지에 대해 진지하게 생각해 볼 때라는 생각이 들었다. 그리고 내가 의지를 잃지 않고 그 계획을 실행할 수 있도록 세상 만물이 긍정적인 에너지를 주길 바랄 뿐이었다.

문득 파울로 코엘료의 《연금술사》의 한 대목이 떠올랐다. "이 세상에는 위대한 진실이 하나 있어. 무언가를 온 마음을 다해 원한다면 반드시 그렇게 된다는 거야. 무언가를 바라는 마음은 곧 우주의 마음으로부터 비롯된 때문이지. 그리고 그것을 실현하는 게 이 땅에서 자네가 맡은 임무라네."

나이 서른일곱에 나는 무언가 알 수 없는 열정에 이끌려 미친 듯이 코칭 공부를 시작했다. 코칭 전문가로서의 여정에 첫발을 내딛은 것이다. 그리고 6개월 후 모든 과정을 수료했고, 또 6개월간의 자격 취득 준비 과정을 거쳐 전문 코치 자격증을 취득했다. MBA와 병행하느라 눈코 뜰 새 없는 시간이었다. 그중 6개월 동안은 밤 12시를 넘겨 국제전화로 코칭 실습을 해야 했는데, 이 시기를 어떻게 견뎌냈는지 모르겠다.

인생을 변화시키는 삼간三間

인생이 달라지고 싶은가? 그렇다면 삼간三間을 잘 써야 한다. 인생을 변화시키는 삼간은 시간, 공간, 인간이다.

첫째, 시간이다. 부자나 빈자, 남녀노소 모두에게 시간은 공평하다. 성공한 사람들은 시간을 허투루 쓰지 않는다. 우선순위를 정해 중요한 데 먼저 시간을 쓰고, 시간을 지배하면서 능률과 효율을 추구한다.

중요한 건 나의 꿈, 비전, 목적을 향해 시간을 쓰는 것이다. 《인생이 바뀌는 시간관리의 비밀》이란 책에도 "시간관리를 잘 한 사람과 잘 못한 사람의 가장 큰 차이점은 크지 않다. 누군가는 지금 바로, 최종 목적을 위해 시간을 썼다는 것뿐이다"라고 강조한다. 나 역시 목적을 정하였기에 시간 활용을 목적에 맞게 정렬할 수 있었다.

요즘은 기업에서 나를 많이 불러 주고 있고 회사의 대표로도 일하면서 업무량도 많기에 시간을 더 철저히 쓰려고 노력하고 있다. 목적에 맞는 일, 가치 있는 일에 시간을 쓰고, 배울 점이 있고 좋은 에너지를 얻는 사람들을 만나면서 말이다.

둘째, 공간이다. 내가 사는 공간, 일하는 공간이 정리정돈이 잘 되어 있고 청결해야 심리적 안정감을 느끼고 능률이 오른다. 그래야 마음에도 여유 있는 공간이 생기며, 창의적인 생각도 떠오른다.

《청소력》의 저자 마쓰다 마쓰히로는 청소에 대해 '더러운 것을 치우는 행위'를 넘어, 청소가 공간의 변화를 만들고, 그 변화가 행복한 자장을 만들며, 그 행복한 자장이 내 마음과 주변을 변화시켜서 마침내 인생을 바꾸는 강렬한 힘을 발휘한다고 말한다. '청소 경영'을 통해 성과를 거둔 기업들도 있다. 아침 청소를 통해 회사를 최강의 조직으로 만들고 최고의 성과를 낸 무사시노, 화장실 청소를 잘하는 사람을 채용 기준으로 삼는 일본전산, 창업 초기부터 청결을 중요한 철학으로 삼고 깨끗한 주방, 로비, 화장실, 주차장 관리와 철저한 위생을 강조하는 맥도날드, 정돈·청결·위생이 성공의 노하우 중 하나이며 사업의 중요 자산의 하나임을 강조하는 이랜드 등이다. 이 회사들이 청소를 강조하는 이유는 일하기 편한 환경을 만들고, 구성원 전체를 하나의 가치관으로 묶는 경영 원칙으로 삼는 것까지 이른다.

나 역시 글을 쓸 때나 일할 때 책상 정리부터 시작한다. 그리고 우리 회사의 사무실은 예쁘고 깔끔하게 정돈되어 있다. 덕분에 심리적 안정감을 느끼고 몰입하여 일할 수 있다.

셋째, 인간이다. 살면서 좋은 사람들을 만나야 한다. 내가 만나는 사람들에게 부지불식간에 영향을 받는다. 롤 모델 같은 사람을 만나면 그렇게 되려고 노력하게 된다. 좋은 사람들을 만나면 좋은 에너지를 얻고, 배울 점이 많다. 하지만 늘 투덜대고 불평불만이 많은 부정적 에너지를 가진 사람들과 교류하면 어느새 나도 그렇게 변해 간다.

내가 CEO·임원 코치, 비즈니스 코치가 되겠다고 꿈을 꾸기 시작한 건 시카고의 코칭 수업에서 만난 한 사람의 영향 때문이었다. 60대 나이의 론 포터Ron Potter. 《마음을 움직이는 리더》의 공동 저자이기도 한 그는 기업의 관리자로 은퇴 후 포춘Fortune 500대 기업의 임원·리더들을 코칭하는 전문 코치로 일하고 있었다. 마침 그의 집이 내가 살던 곳과 같은 동네여서 우린 빠르게 친해졌다. 론의 집에 초대를 받아서 간 적이 있었는데, 그의 집은 스톤브리지라는 아름다운 골프 코스 내에 자리한 전원주택이었다. 집 옆엔 투명한 넓은 호수가 있고, 집 안에는 영화관을 포함해 고객이 직접 찾아와 코칭을 받는 공간도 있었다. 그는 퇴직 후 제2의 인생에 대해 매우 만족해 하고 있었다. 그의 삶을 보면서 '내가 살고 싶은 삶이 바로 이런 거야!'라고 생각하게 되었고, 퇴직 후 코치로 살겠다는 꿈을 꾸게 되었다.

그리고 지금 나는, 실제로 내가 꿈꾸던 삶을 살고 있다.

당신은 삼간을 어떻게 쓰고 있는가?

나에게 던져야 할 질문들

나의 삶을 이끄는 동력, 즉 엔진은 무엇인가?

나는 외적 동기, 내적 동기 중 무엇에 의해 동기부여되는가?

나는 통제 가능한 것과 통제 불가능한 것 중 무엇에 집중하는가?

나는 경쟁형 인간인가, 성취형 인간인가?

나 스스로 정해 놓은 한계가 있다면 그것은 무엇인가?

남은 삶을 어떻게 살고 싶은가?

세상에 어떤 존재가 되고 싶은가?

나에게 성공한 삶이란 어떤 것인가?

나는 삼간(三間)을 어떻게 쓰고 있는가?

2

스노우볼

현재 업무의 연장선상에서 평생 할 수 있는 일은 무엇일까?

평범한 직장인이 전문가로 거듭나는 비결

“

나의 스노우볼은

무엇인가?

그리고 그것을 굴릴

언덕은 무엇인가?

”

현재 업무의 연장선상에서 평생 할 수 있는 일은 무엇일까?

아쉽게도 MBA 단체 졸업사진에는 내가 없다. MBA 졸업식과 코칭 과정 마지막 수업 일정이 겹쳤던 것인데 나는 미련 없이 코칭 수업을 선택했다. 졸업식에 참석하지 못해 아쉬웠지만 대신 코칭 공부를 함께했던 미국인 친구들이 졸업을 축하해 주었다.

'졸업'을 뜻하는 'commencement'에는 '새로운 시작'이라는 의미도 있다. 나에게 졸업은 과거를 종료하는 것이고, 코칭을 공부하는 건 새로운 시작을 의미했다. 또 졸업 후에는 회사로 돌아가 새롭게 적응할 일이 남아 있었다.

다시 커리어를 점검하다

회사로 복귀하려니 만감이 교차했다. 복귀 부서도 선택해야 했고, 앞으로는 커리어를 더 잘 쌓아야겠다는 생각도 들었다. 마침 기획·지원 부서부터 사업 부서까지 여러 부서에서 함께 일하자는 제안이 왔다. 행복한 고민이 들었다. 'MBA를 하니 몸값이 뛰는구나!'라는 생각에 스카우트 제의라도 받은 것처럼 기분이 좋았다.

고민 끝에 전략기획실 경영기획담당에서 일하기로 결정했다. '회사 업무의 연장선상에서 평생 할 수 있는 일은 무엇일까?'라는 질문을 다시 떠올려보다가 향후 경영자, 리더를 코칭하고 개인과 조직의 성장과 변화를 돕기 위해서는 조직 전체가 어떻게 돌아가는지 이해해야 한다는 생각이 들었던 것이다.

전략기획실 경영기획담당은 회사라는 거대한 항공모함의 사령탑 역할을 하는 부서로, 조직 전체의 섭리를 이해하기에 가장 좋은 곳이었다. 나는 그곳에서 CEO의 경영목표 수립 및 경영성과 평가·보상, 임원 평가 및 보상 업무를 맡게 되었다. 업무에서 절대 실수하면 안 되는, 중요하면서도 심리적 부담감이 큰 업무였다. 하지만 조직 전체를 거시적인 관점에서 이해하고, 정량적·정성적 성과에 대해 미시적인 부분까지 챙겨야 하는 일이었기에 역량 향상에 큰 도움이 되었다.

2년 반 정도 이 업무를 담당했는데 덕분에 경영자적 안목을 기를 수 있었고 계열사로 파견돼 전략, 재무회계, 인사, 총무 업무를 총괄하는 CFO(최고재무책임자) 겸 경영기획총괄을 할 때도 큰 도움이 되었다. 또한 그때의 경험이 퇴사 후 현재 기업의 경영자, 리더를 코칭하는 데 있어 큰 자산이 되고 있다.

미래와 연결되는 일을 할 때 가슴이 뛴다

회사에서 하는 업무가 미래에 하고 싶은 일과 연결될 수도 있다고 생각하니 일하는 것이 즐거웠다. 퇴직 후에 할 일을 월급을 받으며 미리 준비하고 있다는 생각에 묘한 쾌감까지 들었다.

회사 업무에 대한 열의만큼 코칭에 대한 열정도 계속 이어갔다. 한국에서는 코칭 과정들이 어떻게 진행되는지 궁금했다. 그래서 퇴근 후나 주말에 코칭, 심리학과 관련된 다양한 강의를 들었다. 미국에서 돌아오자마자 (사)한국코치협회 인증 전문코치KPC: Korea Professional Coach 자격을 취득하고, 이어서 성격 유형 검사 중 하나인 DISC 강사 자격과 상담·심리치료 이론인 교류분석TA강사 자격을 취득했다. 또 성향 및 직업 검사인 버크만 검사와 성격 유형 검사로 잘 알려진 MBTI 기초 과정도 이수했다. 프로이트와 아들러의 심리학에 대해서도 가볍게 공부했다. 그러면서 조직 변화에 심리학을 어떻게 접목하고 활용할지에 대한 통찰과 아이디어를 얻었다. 그리고 전문 코치들을 대상으로 진행하는 주말 코칭 과정에 참여해 선배 코치들과 공부하며, 또 한 단계 성장할 수 있었다.

지식을 진정한 내 것으로 만들기 위한 도전

그러던 어느 날, '언제까지 이래야 하지?'라는 생각이 불현

듯 스쳐 지나갔다. '언제까지 공부만 하고 다닐 것인가? 이제 뭐라도 내 것을 만들어야 하지 않을까?' 아무리 공부를 열심히 하고 관련 지식을 습득한다 해도 진정한 내 것이 없다면 무용지물이라는 생각이 들었다.

실제로 사람들은 책을 읽거나 강연을 들을 때는 의지를 다지고 뭔가를 실천해야겠다는 강한 자극을 받는다. 하지만 책장을 덮거나 강연장을 나오면 그 감정은 점점 약해지고 다시 현실에 순응하게 된다. 그러다가 다시 현실에서의 불만족스러운 감정이 고개를 들면 새롭게 마음을 다지기 위해 책과 강연을 찾는 일을 반복한다. 나 또한 그런 생활을 반복했다. 그러다 어느 시점에 깨달은 것이다.

나는 주말 코칭 과정을 마지막으로 그렇게 열심히 하던 공부를 내려놓았다. 그리고 내가 습득한 지식과 경험을 종합적으로 정리해 진짜 내 것으로 만드는 시간을 갖자고 다짐했다. 그러기 위해서는 암묵지暗默知를 형식지形式知로 전환해야 하며, 가장 좋은 방법은 '책 쓰기'라는 결론에 이르렀다. 그동안 내가 배우고 경험했으나 겉으로 드러내지 않고 있었던 지식과 경험을 책을 통해 외부로 표출함으로써 타인에게 공유할 수 있는 지식으로 만들어야겠다고 생각한 것이다. 마침 나의 버킷리스트에는 '마흔이 되기 전에 책을 한 권을 쓰겠다'는 목표가 있었다.

사실 내가 책을 쓰기로 결심한 데는 무엇보다 나 자신에게 이런 질문을 던졌기 때문이다.

'회사 다니면서 눈치 보지 않고 남는 시간을 활용해 가치를 창출할 수 있는, 나의 가치를 높일 수 있는 가장 좋은 방법은 뭘까?'

회사에 다니면서 종종 코칭이나 강의 의뢰가 들어오면, 퇴근 후 시간을 활용하거나 연차를 내야 하는 부담이 있었다. 그래서 하게 된 질문이었다. 이 질문에 대한 답 역시 '책 쓰기'로 결론이 났다. 책 쓰기는 퇴근 후나 주말에 시간이 날 때 언제든 할 수 있는 일이고, 개인의 브랜드 가치를 높이는 가장 좋은 방법도 저자가 되는 거라는 생각이 들었다.

'회사에 다니면서 계속 틈틈이 책을 쓰자.'

이렇게 결론이 나자 책을 써 보자는 내 의지는 더욱 강해졌다.

무엇을 어떻게 쓸 것인가?

그런데 막상 글을 쓰려고 보니 의지만 있을 뿐 무엇을, 어떻게 써야 할지 갈피를 잡을 수 없었다. 또 '원고를 쓴다고 출판사에서 받아 줄까?' 하는 걱정도 생겼다. 그래서 코칭에 관한 책을 써 볼까 하고 끼적대다가, 한동안은 친구와 공동으로 써 보자고 의기투합했다가 성과도 없이 몇 달이 흘러가 버렸다. 그 후엔 그냥 쉬고 싶다는 핑계로 특별한 목적 없이 시간을 흘려보냈다. 방전된 느낌이 들었고 체력도 한계를 느꼈다. 그래서 한마디로 '멍 때리는 시간'을 가졌다. 책이고 뭐고 만사가 귀찮았고, 쉬고 싶다는 생각만 들었다.

'회사 일도 열심히 하면서 공부도 하고 자격증도 취득하고, 그 정도면 충분히 잘했잖아! 왜 그렇게 인생을 피곤하게 살아? 그냥 좀 편하게 쉬자!'라고 내면에서 말하고 있었다.

열심히 살아온 것에 대한 보상심리로 한동안은 편한 마음으로 책을 읽고, 영화를 보고, 사람들 만나면서 시간을 보냈다. 하지만 마음 한편에서는 무언가 허전함이 느껴졌다. 그러던 어느 날 〈미생〉이라는 웹툰을 보다가 가슴을 울리는 한 문장과 마주하게 되었다.

"네가 이루고 싶은 게 있거든 체력을 먼저 길러라. 게으름, 나태, 권태, 짜증, 우울, 분노 모두 체력이 버티지 못해, 정신이 몸의 지배를 받아 나타나는 증상이야."

정말 맞는 말이었다. 이 말에 자극받은 나는 바로 동네에 있는 한 헬스클럽에 등록했다. 내 나이 서른아홉의 일이었다. 내가 이 시기에 의미를 부여하는 것은 '지성이면 감천'이라고, 이때 등록한 헬스클럽이 나의 첫 번째 책의 소재가 되어 주었기 때문이다.

나는 운동을 도와주던 헬스클럽 대표와 이런저런 담소를 나누다가 성장 정체에 빠진 헬스클럽의 경영 상황과 2호점, 3호점을 오픈하고 싶다는 그의 꿈에 대해 우연히 듣게 되었다. 이때 나는 코칭 스킬을 발휘해 그에게 몇 가지 강력한 질문을 던졌다. 짧게 나눈 대화에서 강렬한 무언가를 느낀 헬스클럽 대표는 갑자기 나에게 교육을 의뢰했다.

"저와 직원들 교육 좀 시켜주세요. 비전과 핵심가치, 전략, 변화, 직원들이 새로운 시각을 가질 수 있도록 육성하는 것, 그래서 성장 정체에서 벗어나는 것, 바로 현시점에 우리에게 필요한 것들입니다. 무엇보다 교육을 통해 화합의 계기를 마련하고 싶습니다. 저는 마케팅을 전공해서 다양한 시도를 해 보려고 하는데 직원들은 체육학과 출신이라 그런지 생각의 차이가 커요."

교육을 의뢰받았을 때, 헬스클럽의 경영 상황은 최악이었다. 근방에서 가장 규모가 큰 헬스클럽이었지만 아버지에게 헬스클럽을 물려받은 지 얼마 안 된 30대 초반의 젊은 대표는 경영에 미숙했고, 대표와 마음이 맞지 않는 직원들 대다수가 퇴사한 상황이었다. 또 고객들과의 관계도, 성과도 좋지 않았다. 설상가상 경기 불황이 지속되고 있었다.

이런 악조건에서 나는 전문 코치, 강사, 컨설턴트로서 헬스클럽 대표로부터 직원 육성, 내부 화합, 성장 정체 탈피 그리고 1호점의 콘셉트 정리라는 중요한 미션을 의뢰받았다.

성공적으로 미션을 수행하기 위해 전략, 미션·비전·핵심가치, 마케팅, 재무회계, 코칭 스킬, 리더십, 실용 심리학 등을 포함한 12주짜리 변화관리 프로그램을 기획했고, 매주 토요일에 그들을 만났다. 난생처음 경영학을 접하는 체육학 전공자들이 거부감 없이 이해하고 따라올 수 있도록 최대한 쉽게 경영이론을 풀어서 전달했고, 코칭 기법을 통해 그들 스스로 해답을 찾아가도록 도왔다. 다행히 헬스클럽 대표와 직원들은 놀라울 정도의 실행력으로 호응하며 헬스클럽과 그들 스스로의 변화를 만들어 냈다.

그 결과, 비용은 감소하고 매출은 3개월 만에 두 배 이상 증가했으며, PT 매출도 증가했다. 직원 수도 두 배 증가했고, 기존의 주요 고객이었던 중장년층 외에 젊은 고객층이 유입되어 헬스클럽 분위기도 에너지와 활기가 넘치게 되었다. 만기 회원 재등록율은 20퍼센트에서 38퍼센트로 향상되었고, 프로세스는 고객 관점으로 전면 개선되었다.

그들이 얻은 것은 재무적, 정량적 성과만이 아니었다. 대표와 직원들의 마인드가 변했고, 역량도 향상되었으며 서로에 대한 이해와 인정을 통해 최고의 팀워크와 시너지를 발휘하게 되었다. 무엇보다 직원들의 몰입도가 향상되어 직원들 스스로 매출을 창출하기 위한 노력을 기울였고, 눈높이를 맞추고 함께 성장하고자 했던 대표의 마인드는 직원들이 스스로 움직이게 하는 중요한 원동력이 되었다.

이러한 변화의 여정과 그 결과는 성과 이상의 의미가 있었기에 이 이야기를 정리해 세상에 내놓기로 결심했다. 그 결과물이 나의 첫 번째 책 《스마트하게 경영하고 두려움 없이 실행하라》이다.

사실은 교육을 진행한 지 4주 차쯤 되었을 때 나는 좋은 성과가 날 것 같다는 예감이 들었다. 그리고 이 헬스클럽 이야기를 책으로 써 보면 좋겠다고 생각했다. 그때부터 헬스클럽과 관련된 모든 일을 하나하나 기록하기 시작했다. 헬스클럽 대표도 책의 소재로 쓰고 싶다는 나의 의견을 흔쾌히 수락하였고, 실패해도 좋으니 변화의 과정을 의미 있게 담아 보자는 공감대가 형성되었다. 덕분에 이들은 교육에 더욱 열심히 참여했고, 변화에 가속도가 붙었다.

이제 나도 책을 쓸 수 있겠다는 생각에 가슴이 뛰었다. 그런데 막상 책을 쓰려니 어떻게 풀어 가야 할지 몰라 고심이 되었다. 그때 《꾸뻬 씨의 행복 여행》을 읽으면서 힌트를 얻었다. 내가 쓰고자 하는 책은 경영에 관한 내용이지만 이 책처럼 소설 형식으로 쓰면 내용 전달도 잘 되고 차별화도 될 것 같았다. 실마리를 얻은 나는 나 자신을 1인칭 주인공으로 놓고 이야기를 전개해 나갔다. 내가 처음 헬스클럽을 처음 방문했을 때 느꼈던 생각과 감정, 거기서 실제로 일어났던 일들을 소설처럼 써 나간 것이다.

나는 이 책을 마흔 살이 되던 해에 출간했다. 마흔에 첫 책을 내놓겠다는 나 자신과의 약속을 지킨 셈이다. 이 책은 회사에서 쌓은 나의 경험, MBA에서 얻은 지식, 코칭을 통해 쌓은 역량의 결정체였다. 다행히 출간 후 독자들의 반응도 좋았고, 신문과 라디오를 포함한 다양한 매체에 소개되었다.

이 책의 초고는 5개월 만에 완성했다. 직장을 다니면서 책을 쓴다는 것이 쉽지만은 않았다. 하지만 일기 형식으로 기록해 두었던 내용들을 풀어 가면서 예상보다 빨리 완성할 수 있었다. 책을 통해 진정한 내 것을 정리하고 불혹이 되기 전에 책을 쓰겠다는 일념은 나 자신도 놀랄 만큼 무서운 집중력을 발휘하게 했다.

그리고 첫 책을 집필하는 과정을 통해 나는 나만의 새로운 형식지를 창조해 냈고, 지식전문가로 한 단계 더 도약할 수 있었다. "지식은 존재 형태에 따라 암묵지와 형식지로 분류될 수 있으며, 이들은 상호 순환하면서 새로운 지식을 창조해 나간다"는 지식경영의 권위자 노나카 이쿠지로 교수의 말처럼 말이다.

평범한 직장인이 전문가로 거듭나는 비결

유능한 직장인의 필수 조건은 무엇일까?

일자리 정보 제공 업체 '벼룩시장 구인구직' 사이트에서 직장인들을 대상으로 설문조사를 한 적이 있다. '스스로 생각하는 유능한 직장인의 필수 조건'에 관한 질문에 응답자들이 가장 많이 답한 것은 '본인만의 전문·특화 분야 확보(32.3%)'였으며, '탄탄한 업무 역량(19%)' '지속적인 자기 계발(18.5%)' '조직친화력(16.9%)' '리더십(10.5%)' '매출, 영업이익 증가 기여(2.8%)'가 그 뒤를 이었다. 또한 '회사가 직원을 평가할 때 가장 중요한 조건'으로는 '탄탄한 업무 역량(31%)'이 가장 높게 나왔고, 뒤를 이어 '조직 친화력(20.6%)' '본인만의 전문·특화 분야 확보(17.7%)' '매출, 영업 이익 증가 기여(14.5%)' '지속적인 자기 계발(12.5%)' '리더십(3.6%)' 순으로 조사되었다. 이 결과만 보더라도 회사나 직원 모두 직장에서 전문성을 갖추는 것을 중요하게 생각하고 있음을 알 수 있다.

4말末5초初 시대(40대 말, 50대 초면 퇴직을 준비해야 하는 시대), 그리고 100세 시대를 살아가는 우리에게 가장 필요한 것은 무엇보다 '전문성'이다. 누구나 인정하는 전문성을 갖춘 사람은 회사 안에서도, 밖에서도 환영받는다. 회사 안에서 임원으로 성장할지 회사 밖에서 전문가로 성장할지에 대한 선택의 자유도도 높아진다.

전문성은 최근 기업에서도 역량 평가의 중요한 기준이 되고 있다. 삼성전자가 직원의 직무 전문성을 진단하고 이를 인사에 반영하는 '역량진단제'를 도입한 것 역시 전문성만이 글로벌 경쟁력을 담보할 수 있기 때문이다. 네이버도 직원들을 전문성 등에 따라 5단계로 나눠 평가하는 레벨제를 도입했다. CJ는 뛰어난 성과가 있다면 직원들이 연차 등에 상관없이 '경영리더'로 승진할 수 있도록 인사제도를 개편했다. 승진을 위한 체류 연한이

나 연차 개념이 사라지면서 역량을 갖춘 인재라면 임원으로 빠르게 성장할 수도 있다.

이같은 변화는 급변하는 글로벌 트렌드에 민첩하게 대응하고, 미래 성장의 주역이 될 새로운 세대가 원하는 '공정한 성장 기회'를 위한 제도적 기반을 마련하기 위해서다.

전문성은 인정받는 리더가 되기 위한 첫 번째 덕목이기도 하다. 리더가 업무의 전문성을 갖고 올바른 방향과 방법을 제시해야 직원들은 삽질하지 않고 효율적이고 효과적으로 일할 수 있다. 직무에 대한 전문성이 떨어지면 리더는 직원들에게 휘둘릴 수밖에 없다.

실제로 최근 삼성, 현대, LG, SK 등을 포함해 많은 기업이 나이와 성별에 관계없이 글로벌 경쟁력을 갖춘 전문성 있는 인재를 수혈하고, 전문성을 고려해 승진 인사를 하고 있다. 내가 코칭을 한 대기업의 임원 중에는 30대에 임원이 된 이들도 적지 않다.

여성 임원들이 밝힌 성공 비결 역시 전문성으로 세상의 차별을 압도하라는 것이다. 성별은 중요하지 않으니 그저 자신의 분야에서 최고가 되라는 것이다. 자리는 실력을 따라오게 마련이기 때문이다. 또한 주어진 업무에 집중하고 끊임없이 자기 계발을 하라고 조언하고 있다.

빌 게이츠, 스티브 발머에 이어 마이크로소프트의 세 번째 CEO로 부임한 사티아 나델라는 전문성을 갖춘 CEO의 대표 사례다. 나델라는 1992년에 입사해 회사의 시작과 성장, 그리고 정체를 모두 경험하였고, 마이크로소프트의 엔터프라이즈와 클라우드 사업을 이끌어 온 인도 출신 기술자다. CEO로 취임한 직후 그간 쌓아 온 전문성을 토대로 모바일 퍼스트mobile first, 클라우드 퍼스트cloud first라는 비전을 제시하고, 기업의 방향을 소프트웨어에서 모바일과 클라우드를 위한 서비스 전문기업으로 바꿀 것임을 천명했다. 나델라의 선택으로 마이크로소프트는 2018년에 애플을 제치고 16년 만에 세계 시가 총액 1위 자리를 탈환할 수 있었다.

한때 전 세계 IT 시장을 호령했던 마이크로소프트는 모바일로 옮겨 가는 시장 변화에 효과적으로 대처하지 못하면서 내리막길을 걷고 있었다. 하지만 나델라의 취임 이후에 제2의 전성기를 누리고 있다. 전문성 있는 CEO 한 명이 회사의 운명을 바꾼 것이다.

평범한 직장인이 전문가로 거듭나는 비결

그렇다면 평범한 직장인이 전문성을 갖추고, 전문가로 거듭나기 위한 비결은 뭘까? 그동안의 경험과 관찰을 토대로 일곱 가지로 정리해 보았다.

1. 전문 분야를 정해 깊게 파라
2. 스노우볼을 만들라
3. 암묵지와 형식지를 통합하라
4. 워라인을 하고, 링크하라
5. 자신의 성장을 위해 투자하라
6. 시간을 지배하고, 프로가 되라
7. 가슴 뛰는 비전과 훌륭한 목적을 정하라

1 전문 분야를 정해 깊게 파라

퀴즈를 하나 내보겠다. 8년 차 직장인 A씨와 B씨는 경력직으로 이직하기 위해 헤드헌팅 업체에 이력서를 넣었다. 둘 중 누가 더 매력적인 구직자로 보이는가?

A씨(35)	B씨(35)
서울 명문대 졸업	지방 중위권 대 졸업
높은 성적	평범한 성적
장학금 이력	전공 관련 기사 자격증
다양한 대외 활동	중소기업 W사 R&D 4년
대기업 Z사 영업팀 2년	중견기업 V사 기술영업팀 4년째 근무중
대기업 Y사 마케팅팀 3년	
대기업 X사 기획팀 3년째 근무 중	

헤드헌팅 업체 대표는 B씨를 더 매력적인 구직자라고 말한다. B씨의 스펙은 A씨보다 못해 보이지만 한 분야에서 꾸준히 경력을 쌓아왔기 때문이다. 결론은 매력적인 구직자의 조건은 일관된 경력, 즉 전문성이라는 것이다. 전문성을 인정받으면 학력은 부차적인 문제가 되며, 학력이 낮아 대기업에 입사하기 힘들더라도 일단 일하고 싶은 분야의 중소기업이나 중견기업에 들어가 경력을 쌓으면 더 좋은 조건으로 이직할 기회를 잡을 수 있다고 한다. 일관되지 않은 경력, 즉 한 분야에서 핵심역량을

제대로 갖추지 못한 사람, 그러면서 이직을 자주 한 사람은 구직자로서 매력이 떨어진다고 본 것이다.

나는 대기업 전략기획실에서 경영, 전략, HR과 관련된 업무를 10년 넘게 했다. 조직개편이 잦긴 했지만, 경영 업무에서 벗어난 적이 없다. 이렇게 쌓은 경력은 해당 분야에서 나의 경쟁력을 높여 주었다. 글을 쓸 때나 코칭과 강의를 하는 지금도 큰 도움이 되고 있다.

후배들에게 어느 정도 적성이 맞는 분야를 택했다면 되도록 한 분야에 오래 머무르라고 말해주곤 한다. 여러 분야를 아우르는 것도 필요하지만 궁극적으로는 한 분야를 제대로 파야 한다. 그러지 않으면 소위 어중이떠중이가 될 수 있다.

퇴사 후 야생으로 나와 강의·코칭 업계에서 일하는 많은 사람을 만났다. 그런데 시간이 지나고 나니 누가 공을 제대로 차는 선수인지, 그중에서도 누가 득점 능력, 곧 결정력이 뛰어난 '스트라이커'인지, 그리고 누가 '똥볼'을 차고 있는지 대략 파악이 된다.

'똥볼'을 차는 사람들의 특징은 무엇일까? 무엇보다 정체성, 즉 아이덴티티identity가 불명확하다는 것이다. 이것도 하고, 저것도 하고, 모든 것을 다 한다. 그런데 정작 전문 분야가 무엇인지는 알기가 어렵다. 프로필의 전문 분야 소개란에 '비즈니스 코칭, 청소년 코칭, 라이프 코칭, 커리어 코칭, 멘탈 코칭, 학습 코칭, 다문화 가정 코칭, 탈북자 코칭...'이라고 써 놓는다. 그리고 빈 수레가 그렇듯 요란하다. 겉으론 이것저것 많은 것을 하는 것 같지만 실제로는 빈 깡통과 같다.

내가 가장 안타깝다고 생각하는 사람은 아이러니하게도 재능이 많은 이들이다. 재능이 많아서 성공하지 못한다는 말을 이해하는가? 그들은 한두 가지 분야에 집중하지 못하고 여러 분야에 관심을 두고 교류한다. 그리고 자신의 다양한 재능을 뽐내고 드러내고 싶어 한다. 그런 사람 중 성공한 사람을 별로 보지 못했다.

그렇다면 '스트라이커'의 특징은 무엇일까? 아이덴티티가 명확하고, 선택과 집중을 잘한다. 적으면 한두 가지, 많아야 서너 가지 분야에 집중한다. 선택과 집중을 잘하면 뭐가 좋을까? 전문 분야에 집중하기 때문에 시간과 자원을 효율적으로 활용할 수 있고, 마케팅 비용은 적게 들이면서 이익은 더 커지는 효과가 있다.

SNS에 자신을 홍보하는 것만 봐도 누가 '똥볼' 차는 사람인지, 누가 '스트라이커'인지 알 수 있다. '똥볼' 차는 사람은 이 분야, 저 분야 모두 다 할 수 있다고 홍보하며 말만 거창하다. '스트라이커'는 자신의 전문 분야가 무엇인지 명확히 인지되도록 홍보한다. 그리고 자신의 계획을 떠벌리기보다는 행동과 결과로 보여준다.

내가 공을 제대로 차고 있는지, 스트라이커인지는 다른 사람들이 평가하겠지만 나의 경우 '경영자·임원 코치, 비즈니스 코치'라는 정체성을 일관되게 유지하려고 노력하고 있다. 그렇기에 CEO·임원 코칭 의뢰가 들어오는 것이다.

전략의 대가인 하버드대 마이클 포터 교수는 "전략의 요체는 무엇을 하지 않을 것인가를 정하는 것이다"라고 말한 바 있다. 사람의 욕구는 끝이 없어서 하고 싶은 것이 너무도 많다. 젊어서는 가능하다면 많은 것을 도전해 봐도 좋다. 하지만 30대 후반, 40대가 되면 달라져야 한다. 세상을 폭넓게 공부하면서도 '한 분야'는 제대로 파야 하는 것이다. 일본 도요타자동차가 선호하는 'T자형 인재'처럼 경영 일반에서는 폭넓은 교양을 가진 '—자형 인재generalist'이면서 동시에 특정 분야에 정통한 'I자형 인재specialist'가 돼야 하는 것이다.

영화배우 이소룡은 생전에 "나는 만 가지 킥을 연습한 사람은 두렵지 않지만 한 가지 킥을 만 번 연습한 사람은 두렵다"

고 말했다. 세계적인 축구 스타로 성장한 손흥민 선수의 '흥민존(패널티박스 대각선에서 감아 차는 슈팅)'의 비결 역시 집요한 연습에서 완성되었다. 손흥민 선수는 하루에 양발 각각 500개씩, 총 1천 개의 슈팅을 연습했다. 그는 당이 떨어져 쓰러질 정도로 연습했고, 가까스로 슈퍼에 가서 초코바를 사 먹고 힘을 낼 정도로 사력을 다했다. 또한 양발잡이 선수가 되기 위해 무엇이든 왼발로 먼저 시작했다. 옷을 입을 때도, 발을 씻을 때도, 신발을 신을 때도, 볼 터치를 할 때도 그랬고 슈팅 연습할 때 왼발은 오른발의 1.5배의 연습량을 했다. 덕분에 월드클래스 수준의 양발잡이 슈팅을 할 수 있게 됐다.

우리는 전문성을 쌓고 전문가가 되길 원하면서 그에 상응하는 시간과 노력을 쏟지는 않는 경우도 많다. 아인슈타인은 "똑같은 방법을 반복하면서 다른 결과가 나오기를 기대하는 사람은 정신병자다"라고 말함으로써 우리에게 경종을 울린다.

전문성을 쌓고, 전문가가 되고 싶은가? 그렇다면 먼저 한 가지 분야를 정하고, 그 분야에서 역량을 갖추자. 그리고 그 역량을 지속 강화해 나가자. 그렇게 하면 성공도, 부도 자연스럽게 따라오게 될 것이다.

2 스노우볼을 만들라

“인생이란 눈덩이snowball를 굴리는 것과 같다. 습기를 머금은 작은 눈덩이를 찾는 것과 그것을 평생 굴릴 수 있는 언덕을 발견하는 것이 인생이다. 당신에게 습기 머금은 눈덩이와 그것을 굴릴 긴 언덕은 무엇인가?”

투자의 귀재 워런 버핏이 한 말이다.

나에게 있어 스노우볼은 MBA 학위와 코치 자격증이었고, 스노우볼을 더 크고 빠르게 굴릴 수 있는 언덕은 책과 칼럼을 쓰는 것이었다. 처음에는 잘 굴려지지 않을 것 같던 작은 눈덩이가 계속 굴리다 보니 점점 큰 눈덩이로 변해 갔다. MBA, 코치 자격증, 책 한 권으로 시작된 스노우볼 덕분에 퇴사 후 가슴이 원하는 일을 하고 있고, 업계에서 비즈니스 코칭 전문가로 인정받으며 ‘대한민국 올해의 코치상’을 수상할 수 있었다. 연봉도 업계 최고 수준으로 벌면서, 내가 번 돈으로 몇 명 직원들의 월급을 줄 수 있을 정도로 성장하여 퇴사 후 5년 뒤엔 법인회사를 창업할 수 있었다. 스노우볼이 점점 커져 가고 있는 것이다.

첫 책을 출간한 후 내 삶엔 작은 변화가 찾아왔다. 먼저 기업, 기관, 단체 등에서 강의 요청이 들어왔다. 그리고 공중파 라디오에도 몇 번 출연할 기회가 생겼다. 몇몇 기업교육 회사들은 나에게 강의를 개설하자고 제안했다. 모객을 다 해준다는 것이다. 그래서 실제로 교육과정을 만들어 강의한 적도 있는데 고맙게도 직장인인 나를 배려해 평일 저녁이나 주말에 과정을 개설해 주었다. 이때만 해도 나는 아주 설익은 강사였다. 강의 스킬도 부족했다. 하지만 강의를 거듭하면서 실력이 점차 향상되었다. 무엇보다 이런 경험은 나의 야생성을 기르는 좋은 계기가 되었다.

몇몇 코칭 회사들은 파트너 코치가 되어 달라고 제안했다. 또 함께 프로그램을 만들어 보자고도 했다. 이때 코칭 업계 최초로 '전략 코칭' 프로그램을 만들었다. 이 프로그램을 만들면서 축적된 지적 역량을 토대로 두 번째 책 《전략을 혁신하라》를 출간할 수 있었다.

또 신문사와 잡지사에서 칼럼 연재 요청이 왔다. 그래서 《머니투데이》와 《월간외식경영》에 칼럼을 연재했다. 그리고 틈틈이 강의했던 내용과 칼럼을 토대로 세 번째 책 《식당부자들의 성공전략》과 네 번째 책 《인생은 전략이다》를 출간했다. 이후 기업사보와 《동아비즈니스리뷰》 등 경영 전문 매거진에서도 칼럼 집필 요청이 왔다.

종종 강의를 의뢰받았는데 강의를 준비하며 정리한 내용은 책과 칼럼을 쓸 수 있는 콘텐츠로 축적되었다. 그리고 책과 칼럼의 내용들은 다시 강의와 코칭을 하는 데 자양분이 되었다.

퇴사 후 야생에서 1인 기업가로 연착륙하고, 특히 코로나 팬데믹 시기에도 더욱 성장하면서 법인회사를 만든 나에게 운이 좋다고 말하는 사람들도 있다. 물론 운도 따랐을 것이다. 하지만 운은 만들어 가는 것이라 믿는다. 운을 만드는 노력을 해야 한다는 의미다. 내가 MBA를 가기 위해 어떤 노력을 했는지는 앞에서 말했다. 추가로 MBA를 졸업한 2011년부터 이후 2023년까지, 내가 어떤 노력을 해 왔는지 시계열적으로 정리해 보았다. 그 내용을 본다면, 내가 단순히 운이 좋은 사람이라고 말할 수는 없을 것이다.

2011년　MBA 학위 취득, 코칭 교육 및 자격증 과정 수강

2012년　코칭 자격증 취득(KPC, CPCC, ACC)

2013년　MBTI 기초과정 수강, 성격심리진단(DISC) 및 교류분석(TA) 강사 자격 취득

2014년　《스마트하게 경영하고 두려움 없이 실행하라》 출간

2015년　칼럼 연재: 머니투데이 〈돈 되는 이재형의 창업 스토리〉, 월간외식경영 〈외식경영 성공전략〉

2016년 《전략을 혁신하라》, 《식당부자들의 성공전략》 출간, 기업 사보, DBR(동아비즈니스리뷰) 등에 칼럼 기고

2017년 《인생은 전략이다》 출간, 박사과정 입학

2018년 에니어그램 강사 자격 취득, 퇴사 및 코칭·강의 본격 시작

2019년 박사과정 수료, 《발가벗은 힘》 출간, 코칭 자격증 업그레이드(PCC), 칼럼 연재(한국경제신문, 이데일리 등)

2020년 '비즈니스임팩트' 창업 (개인사업자), 코어 비즈니스 코칭(CBC: Core Business Coaching) 개발 및 런칭, 《테크노 사피엔스》(공저) 출간 (2020 세종도서 교양부문 선정), 〈발가벗은 힘〉 뮤지컬 제작 및 런칭, 세종사이버대학교 교양학부 겸임교수 임용, '비즈니스임팩트' KAC(Korea Associate Coach) 전문코치 자격인증기관 선정

2021년 코칭 및 강의 콘텐츠 견고화 작업, 사업 확장

2022년 ㈜비즈니스임팩트 법인 설립, 경영학 박사학위 취득, 《기술경영(Management Of Technology)》(공저) 출간, '대한민국 올해의 코치상' 수상[(사)한국코치협회]

2023년 세종사이버대학교 경영대학원 MBA학과 겸임교수 임용, 'KAC 자격인증 우수기관상/최고성장상' 수상[(사)한국코치협회]

이렇게 나는 10년이 넘도록 매년 꾸준히 스노우볼을 만들고 굴려 왔다. 그러기에 지금의 내가 있는 것이다. 무엇을 하든, 어떤 분야에서든 성과를 거두고 싶다면, 나는 먼저 스노우볼을 만들라고 권한다. 스노우볼은 자격증이 될 수도 있고, 책이나 칼럼을 쓰는 것이 될 수도 있고, 재능 기부로 하는 무료 강의가 될 수도 있다. 거창한 것이 아니어도 좋다.

임상심리학자 로버트 마우어는 《아주 작은 반복의 힘》이라는 책에서 '성공하고 싶다면 작게, 더 작게, 아주 작게 시작하라'고 말했다. 변화하기 위해서는 뇌가 놀라지 않는 선에서 작은 실천을 이어 가야 하며, 이것이야말로 부작용도 덜한 '스몰 스텝 전략'이라고 소개한다. 작은 한 걸음, 한 걸음으로 인해 인생이 바뀔 수 있다는 것이다. 나 역시 매년 한두 가지 목표를 정하고 실천해 왔다. 그 결과, 내 가슴이 원하는 삶을 살 수 있게 되었다. 인생이 바뀐 것이다.

스몰 스텝을 실행하기 위해서는 목표를 잘게 쪼개는 것이 좋다. 하루 10분간 명상을 하는 것이 목표인데 시작하기가 힘들다면 처음에는 1분부터 시작하고, 하루 50회 팔굽혀펴기 하는 것이 목표라면 처음에는 5회부터 시작하는 것이다. 책을 쓰고 싶다면 하루에 한 장 쓰기부터 시작하고, 영어를 잘하고 싶다면 신문에 나오는 '오늘의 생활영어'부터 외우고, 건강을 챙기고 싶다면 평소보다 잠을 1시간 일찍 자고, 살을 빼고 싶다면 오늘부터 야식을 끊으면 된다.

빈센트 반 고흐는 "위대한 성과는 소소한 일들이 모여 조금씩 이루어진 것이다"라고 말했다. 노자는 《도덕경》에서 "천 리 길을 걷는 것도 반드시 한 걸음을 떼는 데서부터 시작한다"라고 말했다.

나의 스노우볼 역시 반복의 힘과 하루하루의 노력이 쌓여 커져 왔다. 또 이렇게 쌓인 지적 역량은 상호 선순환하면서 자가증식을 한다.

내가 다녔던 회사의 몇몇 동료들은 경영지도사 자격증을 취득해 회사에 다니면서 틈틈이 강의나 컨설팅을 하고 있다. 나의 가까운 지인 또한 나에게 자극을 받아 책을 출간했고, 이후 활동 영역을 점점 넓혀 가고 있다. 평소 영어 공부를 꾸준히 해온 한 지인은 자신이 원하던 외국계 기업으로 이직했고, 이후에도 계속 도전을 이어 가고 있다. 그에게는 영어 공부가 스몰 스텝이고, 원하던 회사로 이직한 것이 스노우볼이었을 것이다. 굴지의 대기업을 다니다 퇴직한 한 지인은 정부가 운영하는 창업스쿨에서 1년 동안 체계적으로 공부를 한 후 정부지원금을 받아 창업했고, 투자자들의 주목을 받으며 사업을 키워 가고 있다. 그에게는 창업스쿨에서의 공부가 스몰 스텝, 정부지원금이 스노우볼이었을 것이다.

스노우볼의 의미는 단지 자격증, 책, 칼럼, 강의 등의 결과물을 만드는 데만 있는 것이 아니다. 스노우볼을 만들고 굴리는 과정에서 자기 성장과 자아실현을 위한 씨앗 또한 만들 수 있기 때문이다.

나는 경영, 전략, 리더십, 조직 변화와 혁신, 코칭, 심리학 등과 관련된 다양한 분야를 공부하며 세상의 이치를 조금씩 깨달을 수 있었다. 세상에 대한 폭넓은 지식과 전문성, 이성과 감성, 낙관론과 현실주의, 냉정과 열정, 강직함과 온유함, 신중함과 결단력, 말해야 할 때와 침묵해야 할 때, 결과지향성과 성공적 인간관계, 하드 파워Hard Power와 소프트 파워Soft Power 등 서로 모순되지만 서로 연결된 요소들 사이에서 균형을 유지해야 한다는 깨달음이다. 이런 깨달음은 내 삶을 더 충만하게 하고 행복감을 높여 주고 있다. 아직 여러 면에서 부족하지만 공부하면 할수록 점점 성숙해 가는 느낌이 든다.

결국 스노우볼을 만들고 굴리는 것은 자아실현을 해 가는 과정이다. 아리스토텔레스는 이런 과정을 통해 인간이 궁극적으로 행복에 이를 수 있다고 말했다.

스노우볼을 만들고 굴리는 과정에서 중요한 것은 '바닥 구간'과 '급성장 구간'을 이해하는 것이며, 무엇보다 바닥 구간을 잘 견뎌 내는 힘이다. 비행기가 이륙하기 위해서는 바닥 구간인 활주로 위에서 엄청난 기름을 소모하면서 빠른 속력으로 질주한다. 하지만 고도 상에는 아무런 변화가 없다. 그러다가 임계점을 지나면 양력에 의해 거대한 비행기가 하늘로, 즉 급성장 구간으로 솟구쳐 올라가게 된다. 그리고 하늘로 솟구쳐 올라간 비행기는 지상에서 사용한 에너지보다 훨씬 적은 에너지로도 높은 고도를 유지할 수 있게 된다. 급성장 구간을 만나려면 바닥 구간을 열심히 다져야 한다는 것이다.

이 이론은 우리의 삶에도 적용된다. 지금 어떤 노력을 하고 있다고 해서 당장 성과가 나타나는 것은 아니다. 역설적으로, 지금 나타나고 있는 성과는 이미 오래전부터 이어 온 노력의 결과물이다.

어떤 분야에서 성공한 이들은 오랫동안 바닥 구간을 다져 온 사람들이다. 실제로 유명인 중엔 오랫동안 무명 생활을 해 온 이들이 많다. 그러다 실력과 이름이 대중에게 알려지기 시작하면, 그때부터는 애쓰지 않아도 찾아 주는 곳이 많아진다.

국민 MC 유재석 씨는 일찌감치 개그맨으로 데뷔했지만 10년 동안 무명 생활을 했다. 그와 함께 데뷔한 동기들이 인기를 얻고 있을 때 그는 호프집에서 아르바이트를 하며 생계를 유지했다. 그러다 어느 순간부터 그는 섭외 1순위 방송인이 되었다.

모 스타 강사는 "내가 스타 강사가 된 이유는 오래해서다. 나랑 같이 시작했던 강사들은 다 그만뒀다. 강의 경력이 25년 됐는데, 25년 전 강의료는 2만 원이었고, 반지하에서 살았다"고 말했다. 그러면서 "최소 15년은 일해야 어느 정도 경지에 오른다"라고 말했다.

나 역시 몇 년 전까지는 존재감이 없었다. 하지만 몇 년간 바닥 구간을 다지고 나니 조금씩 이름이 알려지기 시작했고, 지금은 대부분의 코칭과 강의가 입소문과 추천을 통해 들어오는 구조가 만들어졌다. 요즘은 CEO, C-레벨, 핵심 임원 대상의 코칭이 주로 들어오고 있다.

스노우볼을 만들고 발가벗은 힘을 키우려면 인내심을 가지고 바닥 구간을 다져야 한다. 나는 회사에 다닐 때 주말 새벽이면 어김없이 일어나 글을 썼다. 따뜻한 차 한 잔을 준비해 놓고 경영, 전략, 변화, 혁신, 리더십, 인생사 등에 관한 글을 쓰는 시간에 나는 그 어느 때보다 큰 행복을 느꼈다. 그리고 인내심을 가지고 꾸준히 글을 쓰니 4년간 4권의 책을 출간할 수 있었다. 무언가 결과물을 만들어 내고 바닥 구간을 다지기 위해서는 인내와 끈기, 몰입이 필요하다.

《임꺽정》, 《머털도사》 등을 그린 만화가 이두호 씨는 "만화는 엉덩이로 그린다"고 말했다. 소설 《레미제라블》의 저자인 빅토르 위고는 놀고 싶은 유혹을 뿌리치기 위해 하인에게 속옷까지 몽땅 벗어 주면서 해가 질 때까지는 절대 자신에게 옷을 갖다 주지 말라고 하며 방에서 나오지 않았다고 한다. 글을 쓸 수밖에 없는 환경을 스스로 만들어 자신을 통제한 것이다. 나 역시 주말 아침에 글을 쓸 때 휴대폰을 치워 놓는 등 방해 요소를 사전에 차단하기도 했다.

당신은 어떻게 바닥 구간을 다져가고 있는가? 임계점에 다다르기 전 혹은 바로 직전에 포기하고 있지는 않은가? 그렇다면 인내심을 가지고 다시 도전해 보길 바란다. 머지않아 급성장 구간을 만나게 될지도 모른다.

'우보천리牛步千里'라는 말이 있다. '소처럼 우직한 걸음으로 천리 길을 간다'는 의미다. 천천히 한 걸음씩 우직하게 목표를 향해 당당하게 나아가는 것, 절대 뒷걸음치지 않고 물러서지 않으며 오랫동안 가는 것이 가장 빨리 가는 방법이다.

3 암묵지와 형식지를 통합하라

진정한 전문가가 되려면 무엇이 필요할까?

암묵지와 형식지를 동시에 갖추고 있어야 한다. 경험과 이론을 통합할 수 있는 역량이 있어야 한다는 의미다. 경험만 있거나 이론만 있는 건 진정한 전문가라고 인정하기엔 깊이와 무게감이 떨어진다.

나 역시 암묵지를 넘어 형식지를 갖추고 진정한 내 것을 만들고자 책과 칼럼을 쓰기 시작했다. 아무리 공부를 열심히 하고 지식을 습득하더라도 진정한 내 것으로 만들지 않으면 무용지물이기 때문이다. 물론 이런 깨달음을 얻기까지는 시간이 걸렸다. 하지만 와인도 오래 숙성될수록 좋은 맛과 향을 품게 되듯, 깨달음을 얻는 데 걸린 시간 또한 의미 있다고 생각한다. 아이가 태어나서 기다가 아장아장 걷고, 넘어지지 않는 방법을 습득하고, 빠르게 뛰기까지 시간이 필요한 것처럼 말이다.

《생각하는 힘, 노자 인문학》의 저자인 최진석 교수는 '노자 강의'에서 "배움이 습관이 되면 나를 망친다"라고 말한 바 있다. 이 강의에서 그는 친구와 만나 술 한잔하면서 나눈 대화를 공개했다. 요즘 배우는 재미에 빠져 있다는 친구의 말에, 최 교수가 다음과 같이 자극적으로 반응했다는 것이다.

"넌 앞으로도 창의적이기 어려울 것 같다. 배우는 일이 아름다운 일이기는 하지만 배우다가 보통은 자기 길을 잃어버린다. 너처럼 좋은 경력을 가진 사람이 아직도 배우는 게 재밌어진다면 어쩌란 말이냐?"

최 교수는 자신의 반응에 의문을 품는 사람들에게 이렇게 말했다.

"배움이 습관이 되어버리면 평생을 배우다가 세월을 다 보내버리고, 다른 사람의 생각만 배우다가 생을 마감하기도 한다. 배움은 수단이고 자신을 표현하는 게 목적이 되어야 한다. 남에게 들은 말이 많아지면 많아질수록, 그것을 진리로 받아들이면 받아들일수록 자기 눈에서는 원초적인 힘찬 눈빛이 사라지고, 자신이 주인 자리를 차지하고 있지 못하고 배운 내용들이 대신 차지해 버린다. 결국, 공부는 나를 표현하기 위한 수단, 내가 행복한 삶을 누리기 위한 수단임을 잊지 말아야 한다. 이러한 기본적인 자세를 노자는 '자율'이라 했다. 자율이란, 내가 나를 조율하는 것이다. 남에게 들은 말이 많아지면 많아질수록 자신의 길은 잃고 삶은 더욱 불안정해질 수밖에 없다. 공부를 멈추고 생각을 시작해야 하루를 살아도 나답게 살 수 있다."

이 말에 나도 공감이 되었다. 특히, 배움은 수단에 불과하고, 결국 자신을 표현하고 자신만의 길을 찾아 행복한 삶을 사는 것이 목적이며, 그래야 나답게 살 수 있다는 말에.

나 또한 비슷한 고민을 해 왔었다. 그래서 그토록 열심히 하던 공부를 멈췄고, 첫 책을 집필하면서 나만의 형식지를 정립하려고 애썼다.

나의 첫 책《스마트하게 경영하고 두려움 없이 실행하라》는 전략, 미션·비전·핵심가치, 마케팅, 재무회계, 코칭 스킬, 리더십, 실용 심리학 등 경영 전반에 관한 내용을 폭넓게 담고 있다. 이 책을 집필하면서 경영 이론이 실제 현장에 어떻게 접목되는지를 나만의 방식으로 형식지화할 수 있었다.

이후에는 전략 분야에 집중하기 시작했다. 첫 책이 경영 전반에 대해 넓게 다뤘다면, 두 번째 책《전략을 혁신하라》에서는 내 주전공이라 할 수 있는 전력과 혁신 분야에 집중해 더 깊이 들어갔다. 두 번째 책을 쓸 만큼 콘텐츠가 있었던 건, 16시간짜리 전략 코칭 프로그램을 개발해 놓은 덕분이었다. 16시간짜리 교육 과정을 만드는 게 결코 쉬운 일은 아니었다. 엄청난 분량의 콘텐츠와 상당한 시간과 노력을 투자했기에 가능한 일이었다. 그리고 과정 개발을 위해 유명하다는 전략 관련 책은 다 읽어 보면서 전략의 시대적 흐름과 이론 및 툴tool에 관해 체계적으로 정리할 수 있었다. 이런 과정을 통해 전략 분야에 대한 나만의 이론과 철학을 정립하고, 형식지화할 수 있었다. 또 이를 토대로 전략과 창업에 관한 칼럼을 쓸 수 있었고, 세 번째, 네 번째 책을 집필할 수 있었다.

전략에 관한 많은 책을 읽고 관련 내용을 분석한 결과, 성공하는 전략은 시대를 막론하고 크게 다섯 가지 공통점(특징)을 갖고 있으며, 기업의 규모와 업종에 관계없이 이를 적용할 수 있다는 사실을 발견했다. 그리고 이 다섯 가지를 나만의 이론으로 승화시켰다.

1. 훌륭한 목적을 추구한 기업(purpose)
2. 스마트하게 포지셔닝한 기업(positioning)
3. 핵심역량을 갖춘 기업(core competence)
4. 고객 가치를 혁신한 기업(customer value)
5. 창의적 혁신을 추구한 기업(creative innovation)

문화심리학자 김정운 교수는 《에디톨로지》에서 "세상의 모든 창조는 이미 존재하는 것들의 또 다른 편집"이라고 말했다. 세상 모든 것들은 끊임없이 구성되고 해체되고 재구성되며, 이 모든 과정이 한마디로 '편집'이라고 정의할 수 있다는 것이다. '에디톨로지edit+ology'는 '편집학'이라고 할 수 있다. 그러나 단순히 섞는 것만을 의미하지는 않는다. 그럴듯한 짜깁기를 말하는 것도 아니다. 에디톨로지는 인간의 구체적이며 주체적인 편집 행위에 관한 것으로, 즐거운 창조의 구체적 방법론을 말한다.

서양 속담에 '하늘 아래 새로운 것은 없다'라는 말이 있다. 나 또한 앞에서 말한 다섯 가지 전략 이론을 에디톨로지에 의거해 재정립했다. 이렇게 나만의 이론과 철학을 정립하면서 형식지를 만들면 그 프레임에 맞게 세상 모든 이야기를 풀어갈 수 있다는 것이다.

헬스클럽 사업에 문외한인 내가 헬스클럽 대표를 코칭할 수 있었던 것도, 외식업에 문외한이면서 외식경영 전략 칼럼니스트로 활동한 것도, 미용업계 원장들을 코칭할 수 있었던 것도 같은 맥락이다. 내가 주로 하는 일은 대기업, 중소기업, 스타트업의 CEO, 임원, 팀장을 코칭하는 일인데 업종은 다양하지만 내가 이들을 코칭할 수 있는 이유도 같은 맥락이다.

그렇다면 나만의 이론과 형식지를 어떻게 정립할 수 있을까?

우선, 관심 있는 분야의 책을 딱 열 권만 읽어 보라. 나 역시 전략 분야에 관심을 두고 많은 책을 읽었다. 그런데 열 권 정도 읽다 보니 많은 책의 내용이 서로 일맥상통한다는 것을 알 수 있었다. 또 전략의 역사와 트렌드도 이해할 수 있었으며, 다른 분야와 연계성, 예를 들면 전략과 마케팅의 연결성까지 이해할 수 있었다.

다음으로는 이 이론들을 실제 상황에 대입했을 때 얼마나 맞아떨어지는지를 검증해야 한다. 회사에서 전략을 수립하고 전략 워크숍을 진행하면서 전략 이론과 툴들을 직접 적용하고 실제 상황에 대입해 보면서 검증 과정을 거쳤다. 이렇게 이론을 실제 상황에 적용하다 보면 범용성이 있는 이론을 나만의 이론으로 승화시키기 위한 아이디어가 생기기 마련이다.

그 후에 할 일은 아이디어를 편집하고 정리하는 것이다. 그 다음에 할 일은 끈을 놓지 않는 것이다. 틈틈이 관심 있는 분야의 책을 읽고, 그와 관련된 기사를 찾아보고, 유용한 사례가 있으면 스크랩해 둔다. 처음에는 이런 과정들이 낯설고 복잡하게 느껴질 수도 있지만 습관이 들면 수월하게 할 수 있게 된다.

올해(2024)를 포함해 지난 3년에 걸쳐 삼성전자 리더들을 대상으로 '전략적 사고와 비즈니스 인사이트'라는 제목의 강의를 연간으로 진행하고 있다. 이틀, 16시간 과정이다. 회사에 다니면서 심혈을 기울여 개발한 16시간짜리 전략 코칭 프로그램과 전략기획실에서 일할 때 쓴 두 번째 책《전략을 혁신하라》의 내용을 토대로 진행되는 과정이다. 그리고 최신 사례들을 업데이트하여 강의하고 있다. 이 강의는 몇몇 다른 기업들에서도 경영자와 리더들을 대상으로 진행하고 있다. 퇴직 후 이렇게 유용하게 쓰일 줄 알았겠는가!

4 워라인을 하고, 링크하라

최근 미국에서 '워라밸(work-life balance, 일과 삶의 균형)' 대신에 '워라인(work-life integration, 일과 삶의 통합)'이 주목받고 있다. 업무와 삶을 구분하는 것보다 일과 삶을 융합하는 것이 개인과 조직 모두에 유익하다는 것이다. 미국 기업들은 '워라인'을 인재관리 프로그램에 활용하고 채용 과정에 접목하고 있다고 한다. 그렇다면 '워라인'이 주목받는 배경은 무엇일까?

그 실마리는 MZ세대에 있다. 이들의 공통적 특징은 업무에 대한 '의미' '의욕'과 같은 요소를 중요시하고, 배우고 성장하려는 욕구가 강하다는 것이다. 한마디로 끊임없는 자기 계발과 성장 욕구가 이들의 특징이라고 할 수 있다. 특히 일과 삶의 균형을 맞추는 '워라밸'을 추구하던 M세대에 비해 카페에서 공부하고 메일도 쓰고 친구랑 수다 떨며 자란 Z세대는 일과 삶이 통합되어 시너지를 내는 '워라인'을 기대한다. 이들이 추구하고자 하는 '워라인'은 일에서 느끼는 성취와 성장이 삶의 동력이 되고, 다시 행복한 삶이 고성과를 창출하는 상호보완적 삶의 형태를 말한다.

우리 회사(비즈니스임팩트)는 재택근무를 기반으로 일한다. 회사를 창업할 때부터 그렇게 했다. 주간회의를 위해 모일 때도 있지만 비대면으로 회의할 때도 많고, 대부분은 재택으로 일한다. 그렇다고 집에서만 일해야 하는 건 아니고 카페, 도서관 등 어디서 일하든 상관없다. 어디서, 뭘 하냐고, 대표인 내가 묻지조차 않는다. 일일 보고를 받지도 않는다. 회사의 내부 핵심가치 중 하나가 '자율과 책임'인데, 나는 임직원들이 모두 그렇게 일하길 바라며, 실제로 그렇게 회사가 운영되고 있다. 우리 회사에 20대 중반의 여직원이 있는데 이렇게 일하는 방식을 매우 좋아하고, 집이나 카페에서 자신이 좋아하는 일을 즐겁게 하면서 고성과를 창출하고 있다. 이미 일과 삶의 통합을 즐기고 있는 것이다.

Z세대가 아니더라도 직장인의 현명한 성장 전략 역시, 워라

인에 답이 있다. 우리는 하루의 3분의 1을 회사에서 보낸다. 따라서 일과 삶을 분리하기보다는 현재의 일에서 자기 경쟁력을 높이고 미래를 찾는 것, 즉 워라인이 가장 현명한 인생 전략인 것이다. 워라인을 하게 되면 자신도, 회사도 성장하는 윈윈win-win 관계를 구축할 수 있다. 또한 회사에서 쌓은 역량을 제2의 인생 설계와도 연계할 수 있다.

워라인을 통해 우리는 궁극적으로 전문성을 쌓고, 경쟁력을 갖추어야 한다. 전문성이 중요한 이유는 이미 앞에서 강조했다. 회사에서 누구나 인정하는 전문성을 갖춘 사람은 행여나 등 떠밀려 야생에 나가더라도 자신의 전문성을 기반으로 '회사가 전쟁터면 밖은 지옥'인 세상에서 연착륙할 수 있을 것이다. 그렇다면 '워라인'을 하면서 전문성을 강화하고, '발가벗은 힘'을 키우는 최선의 비결은 무엇일까?

첫째, 내가 하는 일의 의미와 가치를 중요시하는 것이다. 이는 매슬로가 말한 인간의 5단계 욕구 중 최상위 단계인 '자아실현의 욕구'에 해당된다.

둘째, 자신이 맡은 일에 대해 책임감을 바탕으로 능동적이고, 주도적으로 업무를 수행하는 것이다. 그래야만 실력으로 직결되고, 전문성을 쌓을 수 있는 토대가 된다.

셋째, '링크link' 역량을 키우는 것이다. 현재 하는 일의 전문성 확보와 함께, 이 일을 근간으로 인접 분야로 뻗어 나가기 위해서는 '링크' 역량이 중요하다. 회사에서는 조직개편이 잦은데, 기존에 하던 업무와 새롭게 맞게 되는 업무들과의 연결고리를 찾아 전문성을 지속적으로 업그레이드해 나가야 한다. 지금까지 해 왔던 일과 전혀 다른 일을 할 수도 있지만 자신이 좋아하고 잘하는 일을 하면서 그 일의 깊이나 폭을 확대하면 시간을 절약할 수 있다.

나도 '회사 업무의 연장선상에서 평생 할 수 있는 일은 무엇일까?'라는 질문을 통해 회사에서 하던 업무와 미래에 하고 싶은 일을 연결했다. 입사 동기 중 한 명은 경영지도사 자격증을 취득한 후 회사에서 사내 컨설팅 업무를 담당하는 부서로 자리를 옮겼다. 그는 그 후에도 박사과정에 진학하는 등 전문성 강화를 위한 노력을 지속하면서 퇴직 후 컨설팅 전문가로 활동하기 위해 꾸준히 노력하고 있다.

당신은 어떠한가? 회사에서 스마트한 '워라인'을 하고 있는가?

5 자신의 성장을 위해 투자하라

미래를 준비하고자 하는 직장인들에게 나는 자신의 성장을 위해 아낌없이 투자하라고 조언한다. 나 역시 코칭을 공부하고, 박사과정에 진학하고, 코치 자격증을 포함한 다양한 자격증을 취득하기 위해 많은 개인 비용을 투자했다. 그리고 그 돈이 아깝다고 생각하지 않았다. 또한 공부를 위해 많은 시간을 투자했다. 공부는 배신하지 않으며, 결국 몇 배로 돌아올 거란 믿음이 있었기 때문이다. 그리고 실제로 결과가 그랬다.

나는 미래를 준비하는 직장인들에게 세 가지를 조언한다.

첫째, 직장에 다니면서 미리 준비하라.

월급이 끊긴 상태에서 야생에 나와 무언가를 준비하면 마음이 쪼들린다. 하지만 직장에 다니면서 경제적으로 안정된 상태에서 미리 준비하면 마음의 여유를 갖고 창의성을 발휘할 가능성이 크다.

미리 준비한다는 건, 자신이 잘하거나 좋아하는 일 그리고 그 연장선상에서 무엇을 하면 좋을지에 대한 탐색을 포함한다. 창업을 준비한다면 창업 아이템을 고민하고, 그 아이템이 시장에서 먹힐지 분석하며, 시제품을 만들어보고, 관련 분야의 전문가들과 네트워크를 쌓는 것 등을 들 수 있다.

둘째, 꾸준히, 일정한 시간을 투자하라.

퇴근 후 1~2시간, 주말 3~5시간 정도를 꾸준히 투자하면 일주일에 11~20시간을 확보할 수 있다. 야근과 주말 근무하면서 제2의 인생을 준비한다는 생각으로 임하면 이 시간을 기꺼이 즐기게 될 것이다.

단, 회사 일을 등한시해서는 안 된다. 회사에서는 업무에만 몰두해야 한다. 그러지 않으면 지금 하는 일도, 미래를 위한 준비도 다 어중간해지기 쉽다. 회사에서는 회사 일에 최선을 다하고, 퇴근 후나 주말에 시간을 확보해 그 시간을 활용해야 한다.

셋째, 사내 교육·제도를 최대한 활용하라.

나는 회사에 다닐 때 회사의 지원으로 MBA를 공부했고, 필요한 교육을 자발적으로 찾아서 수강했다. 그 결과, 역량 향상에 큰 도움이 되었다. 회사에서 수강한 여러 교육을 밖에 나와 내 돈으로 듣는다면 그 비용만 해도 엄청나다. 문제는 회사에 다닐 때는 그 소중함을 모른다는 것. 야생에 나와 보면 알겠지만 필요한 교육을 찾아서 들으려고 하면 모든 게 '내돈내산(내 돈 주고 내가 산)'이다.

또한 최근에 기업들은 임직원들을 위해 다양한 제도를 도입하고 있다. 대학원 지원은 보편화되었고, 창업 휴직을 운영하는 회사도 있다. 6개월에서 1년 치 급여를 지급하면서 최대 3년까지 창업을 준비할 기회를 부여하거나, 정년퇴직을 앞둔 직원들이 최대 2년간 휴직하면서 제2의 인생을 준비할 수 있는 프로그램을 운영하는 회사도 있다.

퇴사 희망자들을 위한 교육 프로그램을 운영하는 회사들도 늘고 있는데 퇴사 후 변호사, 요리사, 작가로 활동하고 있는 퇴사 선배들이 퇴사를 고민하는 직장인들에게 실질적인 경험과 노하우를 전달하고 있다. 이처럼 사내 교육·제도를 잘 활용하면 미래를 준비하는 데 큰 도움이 된다. 결론은 회사의 지원을 잘 활용해 미래를 준비하라는 것이다. 그것이 현명하게 미래를 준비하는 지름길이다.

나의 멘토 중 한 분이 늘 하는 말씀이 있다.

"회사와 결혼하지 마라!"

열심히 일해야 하는 건 맞지만 회사에 몸 바치는 시대는 지났다는 것이다. 과거엔 평생직장이란 말도 있었고, 회사에 뼈를

묻겠다는 사람들도 있었다. 심지어 회사는 직원들에게 충성을 강요하기도 했다.

하지만 요즘 세대에 그런 말은 통하지 않는다. 대신 나는 "회사와 최선을 다해 사귀어라"라고 말하고 싶다. 회사에 다니면서 회사의 다양한 지원과 사내 교육·제도를 최대한 활용하고, 이를 통해 나도, 회사도 성장하는 관계를 구축하라는 것이다.

6 시간을 지배하고, 프로가 되라

"도대체, 언제 책을 쓰세요?"

회사에 다닐 때 사람들에게 가장 많이 받았던 질문 중 하나다. 질문하는 이들의 표정에는 여러 감정이 담겨 있다. '도대체'라는 수식어가 붙은 것만 봐도 알 수 있다. 감탄, 놀라움, 의아함 등 다양한 눈빛을 관찰할 수 있었다. 나는 주말 아침이면 6시경에 일어나 3~4시간 동안 글을 썼다. 내가 이렇게 대답하면, 여지없이 다음과 같은 질문이 이어진다.

"피곤하지 않으세요?"

피곤할 때도 있다. 하지만 그럴 땐 그냥 푹 잔다. 무리하지 않는다. 나는 나름의 체력 관리 요령이 있다. 일정이 여의찮을 경우를 제외하고 웬만하면 금요일 저녁에는 약속을 잡지 않는다. 토요일 아침에 글을 쓰거나 책을 읽거나 공부해야 하기 때문이다.

평일에는 회사 일에만 집중했다. 단, 주말 아침 시간은 철저히 나 자신을 위해 썼다. 그래서 되도록 금요일 저녁 약속을 잡지 않았다. 금요일에는 일찍 퇴근해 에너지를 보충했다. 그리고 늦어도 밤 10시나 11시경엔 잠자리에 들었다. 이렇게 하면 토요일 6시에 일어나도 피곤하지 않다.

토요일과 일요일, 아침 6시부터 아이들이 일어나기 전까지 글을 쓰면 1주일에 최소 6~8시간 정도가 확보된다. 한 달이면 약 30시간, 1년이면 360시간이다. 어마어마한 시간이다. 여행을 가거나 피곤해서 잠을 자는 날이 있다고 해도 200시간 이상 확보된다. 이 정도 시간이면 책 한 권을 쓸 수 있다. 책 한 권 분량이 200페이지라면, 1시간에 1페이지만 쓰면 되기 때문이다.

책 쓰기가 아닌 다른 목표가 있다고 해도 마찬가지다. 새로운 자격증 준비나 영어 회화 공부를 할 수도 있다. 시간이 없어서 못한다는 말은 이제 접어 두자. 시간이 없어서가 아니라 시간을 내지 않아서, 의지가 약해서 못하는 것이 너무 명백하지 않은가!

직장인이 평일 하루 중 마음대로 쓸 수 있는 시간은 얼마나 될까? 잠자는 데 6~7시간, 점심시간을 포함해 회사에 머무는 데 9~10시간, 출퇴근에 2시간, 출근 준비와 퇴근 후 일상적인 일을 하는 데 2시간을 쓰고 나면 하루 24시간 중 3~5시간이 남는다. 직장이 멀어 출퇴근 시간이 더 걸리거나 저녁식사 또는 집안일 하는 시간, 아이가 있는 경우 육아를 위한 시간 등을 제외하면 24시간 중 직장인이 쓸 수 있는 시간은 적게는 1시간, 많게는 3시간 정도 된다.

적다면 적을 수 있지만 이 시간만큼은 자신이 주인이 되어 어떻게 사용할지 마음대로 정할 수 있다. 그러나 이 시간을 허투루 써버리는 경우가 많다. 퇴근 후 파김치가 되어 그저 '격렬하게' 아무것도 하고 싶지 않은 마음에, 멍하니 TV나 스마트폰만 쳐다보면서 지내는 경우도 많다.

물론 인간이 로봇이 아니기에 쉬고 싶을 때도 있다. 하지만 퇴근 후 1시간, 주말 아침 1시간만이라도 목적지향적으로 사용한다면 3년, 5년, 10년 후 그 사람의 인생은 분명 크게 달라질 것이다. 특히 칼퇴근이 현실화된 요즘은 퇴근 후의 시간만 잘 활용해도 충분히 자신이 원하는 걸 해 볼 수 있다. 직장인 선배는 파트타임 박사과정에 진학했다. 그는 더 늦기 전에 공부를 다시 시작한 자신의 선택에 매우 흡족해 하며, 수업을 들으러 갈 때마다 큰 행복감을 느낀다고 말했다.

만일 평일에 1시간을 확보하면 1년이면 260여 시간이 나온다. 토요일과 일요일에 각각 3시간을 확보하면 1년이면 310여 시간이 나온다. 합치면 570여 시간이다. 의지만 있다면, 굳게 마음만 먹는다면, 이 시간이면 원하는 것을 해 볼 수 있을 정도로 충분하다.

또한 자신이 하고 싶은 일을 하면서 미래를 준비하면 자존감도 올라간다. 회사나 가족의 일원으로서가 아니라 자신만을 위한 시간이 확보되는 것이기 때문이다. 자존감이란 스스로 품위를 지키고 자기를 존중하는 마음을 말한다. 회사와 가족도 중요하지만, 자신도 중요하고 소중하다고 느끼는 감정이다. 퇴근 후 1시간, 주말 1시간을 활용해 인생을 바꿀 수 있다면, 어떤가? 시도해 볼 만하지 않겠는가!

프로와 아마추어의 차이는 무엇일까? 답은 여러 가지가 있겠지만 나는 '선택과 집중'에 있다고 생각한다. 프로는 바쁜 일상에서도 철저하게 자신만의 시간을 확보한다. 하지만 아마추어는 여기저기 해찰하며 시간을 낭비한다. 아까운 시간이 어디로 증발했는지도 모른다. 그리고 늘 바쁘다. 타인을 위해 할애

할 시간은 있어도 자기 자신을 위해 할애할 시간은 없는 것이다. 결국 프로는 시간을 관리하고, 아마추어는 시간에 끌려다닌다. 나는 공대 출신이며 글쓰기에 대해 배운 적도 없다. 하지만 한 가지 얻은 확실한 교훈이 있다. 무엇이든 꾸준히 하면 결과물이 나온다는 것이다. 꾸준히 하다 보면 티핑포인트tipping point를 넘어서는 순간이 오고, 결국 결과물이 나오기 마련이다.

아침 시간을 잘 활용하면 좋은 점은 또 있다. 책을 쓸 때도 아침에 머리가 맑은 상태에서 글을 쓰면 속도가 붙는다. 엘로드는《아침 글쓰기의 힘》에서 하루가 시작되는 아침의 2~3시간은 집중력이 높고 뇌 활동이 활발한 '골든타임'이라고 말한다. 생리적, 과학적 측면에서 보면 인간의 에너지는 하루 24시간 균일하게 발휘되는 게 아닌데 이는 뇌도 마찬가지라고 한다. 하루 중 에너지가 가장 활발한 시간은 잠에서 막 깨어난 아침이며, 이때 두뇌 활동도 가장 활발하다는 것이다. 오후나 저녁이 되면 머리가 잘 돌아가지 않는다고 느끼는 것은 종일 사용한 뇌에 피로가 쌓였기 때문이다.《분노의 포도》의 작가 존 스타인벡은 "밤새 잠이 무슨 재주를 부렸는지 밤에는 어렵게 여겨졌던 문제가 아침이면 해결되는 것을 우리는 종종 경험한다"라고 말했는데 엘로드의 주장과 일맥상통한다.

많은 직장인에게 권한다. 주말 아침의 힘을 믿어 보라고, 무엇보다 자신의 의지를, 자신의 가능성과 잠재력을 믿어 보라고 말이다.

한 온라인 카페의 책 쓰기 모임에서는 매주 화요일을 '하이파이브 데이Hi-Five Day'로 정하고 새벽 5시에 기상해 책 쓰는 데 집중해 보는 시간을 갖는다고 한다. 카페 회원들끼리 서로 일어난 시간을 인증하고 새벽에 글을 쓰는 데 집중하도록 독려하는 것이다.

꼭 글을 쓰는 것이 아닐지라도 자신만의 '하이파이브 데이'를 정해 새벽이나 이른 아침 시간을 이용해 자신의 목표에 집중해 보면 어떨까.

삶이 복잡다단하고 시간에 끌려다니는 느낌이 들면 결코 행복할 수가 없다. 바쁘더라도 하루에 한두 시간은 자신만의 시간을 사수하고 시간을 주도적으로 사용한다면 여유 있고 행복한 삶을 사는 느낌이 들게 된다.

여유 있는 삶을 사는 데 필요한 건 충분한 시간이 아니라 밀도 있는 시간이다. 시간이 많아도 그 시간을 온전히 몰입하여 쓰지 못하고, 하는 일과 일체감을 느낄 마음의 여유가 없다면 그 많은 시간이 무슨 의미가 있겠는가! 프로는 하고 싶은 일에 집중해 시간과 일체감을 가지면서 일하고, 시간의 노예가 아닌 시간의 주인이 되는 사람이다.

"우리가 진정으로 소유하는 것은 시간뿐이다. 가진 것이 달리 아무것도 없는 이에게도 시간은 있다."

- 발타자르 그라시안

7 가슴 뛰는 비전과 훌륭한 목적을 정하라

자신이 원하는 것이 무엇인지 깨닫고, 왜 그 일을 하는지 이해하며, 그 일에 온 힘을 다 바칠 수 있다면 무슨 일을 하든 성공은 이미 보장된 것이나 다름없다. 만일 그렇지 않다면 스노우볼을 만들고 그것을 굴리는 일은 영원히 끝나지 않을 노동을 하는 것이 될 것이다. 끊임없이 산 위로 바위를 밀어 올리는 형벌을 받는 시시포스처럼 말이다.

내가 책과 칼럼을 쓰는 것도 마찬가지다. 나는 계속 책과 칼럼을 쓸 것이므로 글 쓰는 일은 어찌 보면 나에게 '일'이라고 할 수도 있다. 그러나 나는 다음과 같은 비전과 신념을 가지고 글을 쓰고 있다.

• 비전: 개인과 기업의 본질적 성장과 변화를 돕는 최고의 전문가
• 신념: 내가 보유한 지적 역량을 사회에 환원하여, 보다 가치 있는 세상을 만드는 데 일조한다.

나는 이 비전과 신념을 차근차근 실현해 가고 있다. 회사에 다닐 때부터 틈틈이 써온 내 글과 강의를 통해 많은 이들이 통찰을 얻는다면 내 신념이 실현되는 것이리라!

인류의 발전에 가장 기여한 것이 인쇄술과 책이라는 것은 그 누구도 부정할 수 없는 사실일 것이다. 인류는 책을 통해 성장해 왔고, 엄청난 발전을 이루어 왔다. 책을 쓴 사람들은 그만큼 인류의 발전에 기여한 자들이라고 해도 과언이 아닐 것이다. 이런 이유에서 글 쓰는 일은 내 가슴을 뛰게 만든다. 그리고 회사에 다니면서도 주말 아침마다 어김없이 일어나 글을 쓸 수 있게 하는 원동력이 되었다.

그런데 솔직히 말하면 책을 쓰려고 한 이유는 미래 준비를 위한 목적도 있었다. 하지만 이상하게도 미래 준비라는 목적은 내 가슴을 그다지 뛰게 하지 않았다. 반면 나의 신념인 '내가 보유한 지적 역량을 사회에 환원하여, 보다 가치 있는 세상을 만

드는 데 일조한다'는 목적은 내 가슴을 더 뛰게 했다. 이 신념을 떠올릴 때 더 성심껏 글을 쓸 수 있었던 것이다. 이런 신념은 결국 실행력에 영향을 미쳐 그만큼 결과물이 좋게 나올 가능성을 커지게 한다. 실제로 첫 책을 쓸 때 이런 과정을 생생하게 경험했다.

글 쓰는 일을 미래를 준비한다는 생각으로 하면 오히려 피곤해진다. 그리고 이런 생각이 들면서 게으름을 피우게 될 수도 있다.

'회사 업무도 바쁜데 굳이 이렇게 살아야 해?'

'미래 준비가 다 뭐야? 현재를 즐기기도 바쁜데!'

'왜 인생을 이렇게 피곤하게 사니!'

돈을 벌겠다는 목적으로 책을 쓴다면 책 쓰는 일이 더 피곤하게 느껴질 것이다. 그리고 자신이 비참하다는 생각마저 들 것이다. 결국 내게는 나의 신념에 맞는 목적이 미래 준비 또는 돈을 벌겠다는 목적보다 선행하는 훌륭한 목적이었던 셈이다.

많은 이들이 책을 출간하면 큰돈을 벌 수 있을 거라고 기대한다. 하지만 종합 베스트셀러로 대박이 나지 않고서는 인세만으로 먹고살기는 사실상 힘들다. 수개월에서 수년간 글 쓰는 데 투여한 시간에 대한 투자수익률을 따져보면 최소 몇만 부는 팔려야 수지가 맞을 것이다. 그러나 실상은 그렇지 않다. 출판 시장은 경기에 민감하게 반응하는데 경기 침체가 지속되면서 전망은 밝지 않은 상황이다. 그리고 스마트폰에 익숙해진 사람들은 점점 책을 멀리하고 있다.

사람들이 책을 쓰는 이유는 돈을 벌려는 목적보다 세상을 이롭게 하거나 자신의 가치를 실현하고자 하는 등의 이유가 더 많다. 코치나 강사의 경우 집필을 통해 암묵지를 형식지로 만들고, 자신의 브랜드 가치를 높이거나 강연료를 높이는 데 활용하기도 한다. 책을 쓰면 그 분야의 전문가라는 게 입증되기 때문에 책이 일종의 보증서 역할을 하는 것이다. 책을 써서 한몫 벌겠다는 욕심과 베스트셀러가 될 거라는 큰 기대감은 큰 실망으로 이어질 수 있다. 따라서 책을 쓰고자 한다면 돈보다는 자신의 전문 지식을 집대성하겠다는 목적으로 쓰길 권한다. 나 역시 그런 목적으로 책을 썼으며, 그렇게 했을 때 더 힘이 났다.

스티브 잡스는 애플에서 일하면서 늘 자신에게 질문을 던졌다고 한다.

"나는 왜 이 일을 하는가?"

그는 스물세 살에 이미 백만장자 반열에 올랐고, 스물네 살에는 1,000만 달러, 스물다섯 살에는 1억 달러가 넘는 자산가가 되었다. 당시 그는 "돈은 내게 그다지 중요하지 않다. 내가 만든 회사, 제품, 직원 그리고 내가 만든 제품이 사람들에게 어떤 가능성을 열어줄 수 있는지가 가장 큰 관심사다"라고 말했다. 스티브 잡스는 훌륭한 목적을 세우고, 그 목적에 부합하기 위해 정진해 나갔다. 그 결과 부富는 자연스럽게 따라왔다.

라이트 형제와 랭리의 이야기 역시 우리에게 많은 시사점을 안겨 준다. 1900년대 초반, 라이트 형제와 랭리는 세계 최초로 비행기를 띄우기 위해 연구에 몰두했다. 당시 미국을 비롯해 세계가 주목한 인물은 사무엘 피에르폰트 랭리였다. 하버드 대학교를 졸업한 그는 스미소니언학회 멤버로 학계의 지지를 받았고, 자금과 인맥 모두 풍족했다. 대중의 관심도 당연히 랭리에게 쏠렸으며, 그가 인류 최초로 하늘을 나는 원대한 꿈을 실현하리라 믿었다.

그러나 세계 최초로 비행에 성공하면서 인류의 대업을 이룬 사람은 오하이오주의 한적한 시골 마을에 살고 있던 라이트 형제였다. 라이트 형제는 정부 자금도 대학 교육도 받은 적이 없었다. 고위층과의 인맥도 없었고, 랭리처럼 《뉴욕타임스》의 관심도 받지 못했다. 그런 그들이 1903년 12월 17일, 세계 최초로 유인비행에 성공했다. 조용한 시골 마을에서 일어난 일이라 비행 성공 후 며칠이 지나서야 세상에 알려졌을 정도였다.

그렇다면 랭리와 라이트 형제의 성공과 실패를 가른 차이점은 무엇일까? 질문을 다시 해 보자. 랭리에게는 없고 라이트 형제에게는 있었던 것은 무엇일까?

'훌륭한 목적'이었다. 라이트 형제에겐 인간이 하늘을 날 수 있게 하겠다는 훌륭한 목적이 있었다. 하지만 랭리에게는 비행기를 개발하겠다는 담대한 목표는 있었지만 '왜'라고 말할 뚜렷한 이유가 없었다. 그는 발명의 대가로 얻게 될 돈과 명성이 필요했을 뿐이다. 라이트 형제가 유인비행에 성공했다고 알려진 날, 랭리는 유인비행 프로젝트를 중단했다. 돈과 명성이 목적이었던 랭리는 더 이상 그 일을 계속할 이유가 없었다.

훌륭한 목적은 단지 이윤 추구를 넘어서 기업이나 개인의 존재 이유가 되며, 무언가를 지속하게 하는 동력으로 작용한다. 기업에서 훌륭한 목적이 체화된 조직 구성원은 스스로 동기를 부여한다. 이는 장기적 성과를 창출하는 데 기여하고, 지속가능 경영의 가능성을 높여 준다. 훌륭한 목적을 정하면 '어떻게'와 '무엇'에 대한 생각이 명료해지고, 목적을 향해 나아가는 여정이 즐겁다.

물론 훌륭한 목적이 밥 먹여 주는 것은 아니다. 쇼펜하우어는 "오늘날의 돈은 지칠 줄 모르는 프로테우스(그리스 신화에 나오는 세상 만물로 모습을 바꿀 수 있는 능력을 가진 신)처럼 인간의 변화무쌍한 소원과 다양한 욕구의 대상을 자기 자신으로 바꿀 수 있는 힘이다"라고 말했다. 그러나 소득 수준과 행복 사이에 뚜렷한 상관관계가 존재하지 않는다는 것은 이미 수많은 연구를 통해 밝혀진 바 있다.

그리고 성공과 부를 쟁취한 사람 중엔 공허함을 느끼는 이도 많다. '무엇을' '어떻게' 해서 성공했지만, '왜'라는 질문엔 소홀했기 때문이다. 따라서 중장기적으로는 정체성에 대한 고민에 빠지며, 어떤 것을 해도 만족하지 못하고 뭐가 잘못됐는지도 모른 채 슬럼프에 빠지게 되는 것이다.

어떤 일을 할 때 이왕이면 가슴 뛰는 비전과 훌륭한 목적을 정한다면 그 여정이 더욱 의미 있고, 즐겁고, 힘이 난다는 것이다. 물론 부까지 따라오면 금상첨화다. 하지만 너무 욕심을 부리지는 말자. 과한 욕심은 탈을 부른다. 부는 결과적으로 따라오는 종속변수이자 통제 불가능 변수라고 생각하면 마음이 편하다.

"항상 갈구하고, 바보처럼 우직하게 나아가라"라고 한 스티브 잡스의 말을 빌린다면, '훌륭한 목적을 갖고 성장을 갈구하고 우직하게 나아가면' 시간이 걸릴지언정 좋은 결과는 반드시 따라오기 마련이다.

나에게 던져야 할 질문들

나의 전문 분야는 무엇인가?
나는 어떤 분야의 전문가라고 할 수 있는가?

나의 스노우볼과 그것을 굴릴 언덕은 무엇인가?

내가 암묵지에서 형식지로 전환한 것은 무엇인가?

회사 업무의 연장선상에서 평생 할 수 있는 일은 무엇인가?

나는 자신의 성장을 위해 얼마나 투자하고 있는가?

나는 시간을 지배하는가? 나만의 골든타임은 언제인가?

나는 프로인가? 아마추어인가? 그 이유는 무엇인가?

내가 하는 일의 훌륭한 목적은 무엇인가?

3

발가벗은 힘

나는 발가벗은 힘이 있는가?

나는 누구인가?

회사에 다니면서 플랜 B를 완성하라

4말5초 시대, 직장인의 스마트한 인생 전략

시간이 흐른다고 미래가 되는 것은 아니다

“

나에게는

발가벗은 힘이 있는가?

나는 지금 명함이 아닌

내 이름 석 자만으로도

충분히 자신이 있는가?

”

나는 발가벗은 힘이 있는가?

네 삶을 살아라,

젊거나 늙거나

저기 저 참나무처럼,

봄에는 싱싱한

황금빛으로 빛나고

여름에는 무성하게

그 다음, 그리고 그 다음엔

가을답게 변하여
다시 더욱 더 맑은
황금빛으로.
마침내 나뭇잎 모두 떨어지면
보라, 줄기와 가지만으로
우뚝 서 있는
저 발가벗은 힘을.

- 알프레드 테니슨, 〈참나무〉

명함의 힘 vs. 발가벗은 힘

나는 '발가벗은 힘naked strength'이라는 말을 좋아한다. 약간은 야릇한 느낌이 드는 이 말은 앨프레드 테니슨이 쓴 〈참나무The Oak〉라는 시에 나오는 말로, 윤석철 서울대 명예교수도 이 시를 인용해 명강의를 펼쳤다.

"나뭇잎을 다 떨군 겨울나무는 자신의 몸을 가릴 것이 없다. 한때 무성했던 나뭇잎과 나뭇가지에 둥지를 틀었던 새, 나무 그늘 밑에서 쉬던 사람들조차 모두 떠나고 없다. 오로지 자신의 발가벗은 몸, 둥치와 가지만으로 겨울을 나야 한다. 사람도 마찬가지이다. 지위나 배경의 도움 없이 인간 아무개가 갖고 있는 본래적인 힘과 의지 '발가벗은 힘'으로 우뚝 서야 하고, 그것만이 진정한 내 것이다."

그렇다면 '발가벗은 힘'의 반대말은 무엇일까? 아마도 '명함의 힘'일 것이다. 많은 직장인이 명함에 있는 회사와 직책, 이를테면 ○○회사 상무, ○○회사 팀장, 서울시 ○○국장, ○○대학 교수 등이 온전한 자신인 양 착각하는 경우가 많다. 그런데 속해 있던 조직을 떠나 계급장을 떼는 순간, 자신을 대변해 주던 직책은 사라지고 '발가벗은 나'만 남게 된다. 그리고 이때부터 진정한 실력에 의존해 생존해야 한다.

조직의 울타리 안에서 살던 직장인들은 직장을 떠나는 순간 멘탈이 붕괴된다. 휴대폰에 저장된 연락처는 많지만 정작 연락할 사람은 없다. 세상은 춥고, 할 일은 없고, 불러주는 데도 별로 없다. '직업'을 만들어 놓지 않고 '직장'만 열심히 다녔기 때문이다.

나는 '준비하는 자에게 기회가 온다'는 말을 믿는다. 직장에서 쌓은 전문 분야의 역량과 제2의 인생 직업의 연결고리를 찾아 그 분야에서 역량을 지속적으로 쌓는다면 전문가로서뿐만 아니라 자기 삶의 CEO로서, 자기답고 행복하며 의미 있는 여생을 보낼 수 있다고 확신한다. 세상에는 당신의 도움이 필요한 곳이 의외로 많다. 전문가로서 다른 사람을 돕는 것은 얼마나 의미 있고 멋진 일인가!

하지만 '제2의 인생 직업으로 연착륙할 수 있는 나만의 핵심역량 또는 발가벗은 힘은 무엇인가?'라는 질문에 답하지 못한다면 직장인으로서는 적합할지 모르나 평생 직업인으로서는 부족할 수 있다.

'발가벗은 힘'은 경쟁 사회에서만 통용되는 것이 아니다. 자기만의 삶의 방식을 추구하는 사람일지라도 '발가벗은 힘'을 갖추지 않으면 현실에 적응하기 힘들다. 나이가 들면 전원으로 돌아가 살고 싶다는 사람들이 의외로 많은데, 그중엔 '자연인'으로 살고 싶다고 말하는 사람들도 많다. 그런데 그저 경쟁 없는 사회, 전원이라는 조건만 갖춰지면 자연인으로 만족스럽게 살아갈 수 있을까?

천만의 말씀! TV 프로그램에서는 경제적 이유든, 건강상 이유든, 또는 개인의 성격이나 사회 적응도 때문이든, 아니면 자연에서의 삶 자체가 좋아서 도시를 떠난 이들의 이야기가 홍

미진진하게 그려진다.

그런데 그들 중 자연에 정착하기가 쉬웠다고 말하는 사람은 단 한 명도 없었다. 적응하는 데 3년, 5년이 걸렸거나 10년 이상이 걸렸다는 사람들도 있다. 경쟁 사회를 떠나더라도 생존을 위한 치열함은 도시 못지 않으며, 그들이야말로 명함을 벗어던지고 오롯이 '발가벗은 힘'만으로 살아가고 있는 것이다. '농사나 짓지' '자연인으로 살고 싶어'라는 바람도 준비된 사람, 죽을 각오로 매진하는 사람에게나 통하는 말이다.

가끔 미래에 대한 걱정을 털어놓는 지인들에게 나는 "걱정하지 말고 고민하라"라고 말한다. 불안한 미래를 그저 걱정만 할 것이 아니라 자기 자신에게 구체적인 질문을 던지고 해답을 하나하나 찾아가면서 진지하게 고민하라는 말이다.

'걱정만 하는 사람'은 매번 푸념만 늘어놓는다. 그러고는 걱정을 잊어버리고자 술 한잔에 의지한다. 그렇게 시간은 흘러가고 결국 아무런 준비 없이 야생에 내동댕이쳐진다. 이 모습을 보면 '삶은 개구리 증후군Boiled frog syndrome(끓는 물에 집어넣은 개구리는 바로 뛰쳐나와 살지만 서서히 데워지는 미지근한 물에 들어간 개구리는 변화를 감지하지 못해 결국엔 죽게 된다. 점진적으로 고조되는 위험을 미리 인지하지 못하거나 조기 대응하지 못해 결국 화를 당하게 된다는 이론)'이 연상된다. 반면 '고민하는 사람'은 자신에게 의미 있는 질문을 던지면서 하나하나 답을 찾아 나간다.

'남은 삶을 어떻게 살고 싶니?' '세상에 어떤 존재가 되고 싶어?' '내가 생각하는 성공적인 삶이란 어떤 거지?' '나는 잘하는 게 뭐지? 좋아하는 건?' '내 역량을 제2의 인생 직업과 어떻게 연결할 수 있을까?' '평생 할 수 있는 일은 무엇일까?' 같은 질문들이다.

《톰 소여의 모험》으로 잘 알려진 마크 트웨인은 "성공하는 사람과 그렇지 못한 사람의 차이는 생각하는 시간을 하루 5분이라도 갖느냐, 그렇지 않으냐"라고 했다. 꿈과 비전이 무엇인지, 제2의 인생을 어떻게 살 것인지, 자신의 강점과 회사에서 쌓은 역량을 제2의 인생 직업과 어떻게 연결해 나갈 것인지, '발가벗은 힘'을 어떻게 키워 나갈 것인지에 대해 잠들기 전 단 몇 분이라도 고민하고, 그 고민을 계획으로 만들고 실행하며 늘 준비하는 사람과 그렇지 않은 사람은 퇴직 후 다른 길을 가게 될 것이다.

내가 생각하는, 제2의 인생을 준비하는 자세에 따른 세 종류의 직장인은 다음과 같다.

1. 미래 준비에 관한 생각 없이 회사만 다니는 사람

2. 준비해야 한다고 인지하면서도 그냥 걱정만 하는 사람

3. 미래에 대해 고민하고 적극적으로 준비하는 사람

당신은 어디에 해당하는가? 회사는 당신의 인생을 책임져 주는 곳은 아니다. 결국 자신을 지킬 사람은 자신밖에 없으며, 자신을 지킬 방법은 미리 준비하는 것이다.

조직행동론에서 존 프렌치John French와 버트램 레이븐Bertram Raven은 권력의 원천을 다음과 같이 다섯 가지로 구분했다.

1. **보상적 권력**: 권력 행사자의 보상 능력에 기인하는 권력으로, 권력 수용자에게 보상이 의미를 갖는 상황에서만 영향력을 발휘한다. 급여 인상, 승진, 과업 배당 등을 들 수 있다.

2. **강압적 권력**: 권력 행사자가 권력 수용자에게 벌을 줄 수 있다고 인식하는 데 기초한다. 해고나 징계, 작업 시간 단축 등을 들 수 있다.

3. **합법적 권력**: 권력 수용자가 권력 행사자의 정당한 영향력 행사권을 인정하고 추종해야 할 의무가 있다고 생각하는 것을 말한다. '권한'이라고도 한다.

4. **준거적 권력**: 어떤 사람이 특별한 자질이 있어서 다른 사람들이 그를 닮으려고 할 때 생기는 권력으로, 웅변술, 인간관계 능력, 높은 도덕적 자질 등을 말한다.

5. **전문적 권력**: 다른 사람들이 권력 행사자가 특정 분야나 상황에 대한 지식 수준이 높다고 느낄 때 발생하는 권력으로, 직무 경험과 연관된다.

여기서 보상적·강압적·합법적 권력은 조직의 직위에서 나오는 것으로 '직위 권력'이라고 하고 준거적·전문적 권력은 개인에게서 나오는 것으로 '개인적 권력'이라고 한다. 그래서 자기 계발이나 리더십 이론에서는 시간이 지나면 사라질 보상적·강압적·합법적 권력보다는 영속할 수 있는 준거적·전문적 권력을 키우라고 한다. 이 말을 내식으로 옮기면 한마디로 '발가벗은 힘을 키우라'가 된다.

어떻게 발가벗은 힘을 키울 것인가?

2007년 인간개발경영자연구회가 개최한 세미나에서 윤석철 서울대 명예교수는 '세월 속에 생각하는 인생과 기업'이라는 주제로 강연했다. 이 강연에서 그는 '발가벗은 힘'을 키우려면 먼저 착각에서 깨어나야 한다고 말했다. 내 진짜 실력이 아닌 지위나 타이틀, 일시적인 상황이 주는 힘을 실력이라고 믿는 착각에서 벗어나라는 말이다. 그러면서 앨프레드 테니슨의 시 〈참나무〉의 한 구절 "Autumn-changed. Soberer-hued. Gold again"을 다음과 같이 해석했다.

"여기서 중요한 단어는 'sober'입니다. sober는 '술에 취했다가 깨어난' '헛된 환상 혹은 유혹에 취해 있다가 깨어난' 바른 정신 상태를 의미합니다. sober라는 말을 통해 테니슨은 참나무가 가을답게 변하여 그 어떤 '유혹이 있더라도 깨어나는' 맑은 황금빛으로 태어나야 한다고 했습니다. 공자는《논어》에서 15세에 배움에 뜻을 두고, 30세에 자립하고, 40세에 유혹으로부터 깨어나야 한다'고 말했습니다. 동서양을 막론하고 지성들의 생각이 이렇게 일치했던 것입니다."

결국 먼저 '유혹으로부터 깨어나야' 발가벗는 힘(과정)을 갖출 수 있고, 최종적으로 발가벗은 힘(결과)을 소유할 수 있게 되는 것이다. 발가벗은 힘은 회사 안에서는 물론 밖에서도 필요한 힘이고, 그 힘의 원천은 개인마다 다르다. 나에게 발가벗은 힘을 키우고 삶을 살아가는 동인이 된 것은 서른일곱에 정한 비전에 대한 열정 때문이었다.

흔들리는 나뭇가지에 앉은 새가 불안에 떨지 않는 이유는 자신의 날개를 믿기 때문이다. 우리에게도 스스로 믿고 의지할 날개가 있어야 한다. 당신은 지금 명함이 아닌, 당신의 이름 석자만으로도 충분히 자신이 있는가? 나뭇가지가 흔들릴 때, 자신만의 날개로 비상할 자신이 있는가?

나는 누구인가?

대기업을 다니다가 퇴직한 임원을 코칭한 적이 있다. 상무로 퇴직한 분이었는데 퇴직 후 어떻게 살아가야 할지 고민하고 있었다. 코칭을 시작할 때 보통 "어떻게 불러 드리면 좋을까요?"라고 묻는데, 그에게도 같은 질문을 했더니 그는 '김○○ 상무'라고 불러 달라고 했다.

순간 내 머릿속에는 여러 생각이 떠올랐다. '갑작스러운 질문에 마땅히 자신을 소개할 단어가 생각나지 않았을 수도 있지'라는 생각과 함께 '이 분은 아직 과거에 머물러 있구나'라는 생각도 들었다.

우리는 때가 되면 '술에 취했다가 깨어나야sober' 한다. 퇴사한 이후도 마찬가지다. 회사라는 울타리를 벗어나는 순간, 더 이상 임원으로 대접받기는 어렵기 때문이다. 언제든 자연인으로 돌아갈 수 있으며, 퇴직 후엔 직업이 여러 번 바뀔 수 있다는 사실도 직시해야 한다.

상무까지 올라가면서 쌓은 전문성을 퇴직 후에도 자신의 브랜드로 승화시켜 나갈 수 있다면 금상첨화일 것이다. 하지만 그러지 못하는 경우가 대부분이다. 그 역시 회사에 충성을 다해 일하다가 예고도 없이 퇴직하게 된 터라 정작 퇴직 후의 삶에 대해 준비해 놓은 것이 없었다.

나도 퇴사 이후 어떻게 불리면 좋을지 생각해 봤다. 그리고 발가벗은 힘에 대해 생각해 왔던 터라 퇴사 후 내 평생 직업인 '코치'로 불리길 원했다. 나를 대표님, 교수님이라고 부르는 사람들도 많지만, 여전히 나를 '코치님'으로 부르는 이들도 많다. 그리고 나를 어떻게 부르든지 호칭은 나에게 중요하지 않다. 실질이 더 중요하다.

소득 공백기를 어떻게 버틸 것인가?

임원이 되면 노후가 보장될까? 임원이 될 확률은 0.87퍼센트로, 1,000명 중 991명은 중도에 회사에서 쫓겨나다시피 나간다. 임원이 되더라도 좌불안석인 것은 마찬가지다. 평균 2~5년을 재직하고 50대 중반에 퇴임하는데, 32세에 결혼해 이듬해에 바로 아이를 낳는다고 가정하면 자녀가 고등학교 1학년일 때 임원이 되고, 대학교 2~3학년일 때 퇴임하게 되는 셈이다.

최근 내가 아는 선배 임원들도 여럿이 퇴직했다. 50대 초반의 나이에, 아이들도 여전히 어리기에 다시 일자리를 구해야 할 것이다.

내가 코칭하고 있는 많은 기업의 임원들 역시 조직에서의 생존에 대한 불안감이 크다. 모 대기업은 임원 승진 후 계약 시점은 명시하지만 종료 시점은 비어 있다. 무슨 의미일까? 언제든 나갈 수 있다는 의미다. 실제로 6개월 만에 해임된 임원도 있다고 한다.

회사에 다닐 때 퇴직한 임원들의 소식을 접할 기회가 종종 있었다. 이들 중엔 운이 좋아서 재취업을 한 사람도 있지만 치

킨집, 커피숍, 편의점 혹은 식당을 창업하거나 계획하고 있는 사람들도 있었다. 내가 아는 한 임원은 커피숍 창업을 위해 바리스타 자격증 취득을 준비하고 있었다. 또 한 분은 작은 분식집의 사장이 되어 음식도 나르고 청소도 직접하고 있다.

한평생 한 회사에 몸담고 있다가 퇴직하면 퇴직금을 받게 되는데, 자영업에 투자해 퇴직금마저 날리고 불우한 노후를 보내게 되는 경우도 적지 않다. 혹자는 '퇴직금은 가만히 가지고 있는 것이 상책'이라고 말하지만 평생을 열심히 일하면서 성과를 냈던 사람들은 습성상 기어코 무슨 일이라도 저지르고 만다. 문제는 임원을 포함해 대다수 직장인이 퇴직 후 '제2의 인생 전략'에 대해 미리 준비하지 않는다는 것이다. 하다못해 자영업에 뛰어들더라도 체계적인 준비와 치밀한 전략이 필요한데 주먹구구식으로 창업했다가 낭패를 보는 것이다. 아이러니한 것은 대기업의 주요 부서에서 전략을 진두지휘하던 임원들도 별반 다르지 않다는 것이다. 고스펙자들도 별다른 대책이 없는 경우가 많다. 대기업 엔지니어 출신 인재들이 IT 창업 대신 전공과 무관한 김밥집을 창업하는 예도 있다. 창업해서 실패하면 다시 일어서기 힘들고, 뛰어들 만한 아이템도 많지 않기 때문에 쉽게 창업할 수 있는 요식업으로 눈을 돌리는 것이다.

앞서 말한 김 상무 같은 사람에게 100세 시대는 고욕이다. 50대 중반에 은퇴하더라도 앞으로 30~40년은 더 살아야 하는데, 그 세월 동안 무엇을 하고 지내며, 어떻게 먹고살아야 할지 막막한 것이다.

'그래도 임원 출신이었는데 예전처럼은 아니더라도 경력은 살릴 수 있지 않을까?' 기대했던 그들은 아무도 불러 주지 않는 현실에 당황하고, 현실의 높은 벽을 실감하면서 쓸쓸한 노년을 보내게 될 수도 있다. 그러니 퇴사 후 명함의 힘이 아닌, 자신의 실력으로 홀로 설 준비, '발가벗은 힘'을 쌓는 준비를 차근차근히 해 두어야 한다.

회사에 다니면서 플랜 B를 완성하라

신문을 보면 퇴직 후 구직 활동에 나섰으나 현실은 녹록지 않고, 눈을 낮춰 지원해도 퇴짜를 맞기 일쑤라는 기사들이 나온다. 퇴직 후 계획 없이 사회에 나왔다가 취업 시장의 냉혹함을 뼈저리게 느끼고, 실업 급여를 받으면서 약 30곳의 일자리에 지원했는데 단 한 번도 면접 기회조차 얻질 못했다는 기사를 접하면 측은한 마음이 든다. 그런데 중요한 것은 남 걱정할 때가 아니라는 것이다. 나의 모습이 될 수도 있기 때문이다.

기대수명 증가로 중장년층 인구가 늘어나고 불경기가 지속

되면서 퇴직 후 재취업 시장이 붐비고 있다. 이제 중장년층에게 재취업은 선택이 아닌 필수가 되었다. 재취업의 이유는 경제적인 이유도 있지만 일하는 즐거움을 느끼기 위해서인 이유도 있다.

노후를 걱정 없이 보내는 데 필요한 것이 무엇이냐고 물으면 대다수는 '돈'을 꼽는다. 그럼 돈 걱정이 없다면 행복하게 살 수 있을까?

《인생 후반, 어디서 뭐하며 어떻게 살지?》라는 책에서는 100세 시대, 행복한 삶을 위협하는 6대 리스크를 말하고 있다. '꿈과 목표 없이 오래 사는 것' '일 없이 오래 사는 것' '돈 없이 오래 사는 것' '건강 없이 오래 사는 것' '친구 없이 오래 사는 것' '배우자 없이 오래 사는 것'이다. 중장년층의 재취업 이유 역시 '꿈과 목표 없이 오래 사는 것'과 '일 없이 오래 사는 것'과 관련되어 있다.

퇴직 후 인간관계 단절에 대한 두려움도 구직 활동을 부추기는 요인이다. 인간관계 단절은 심지어 우울증을 유발하기도 한다. 결국 사회에서 자신이 아직 쓸모 있는 사람이라는 것을 확인하고 싶은 것이다.

사정이 이렇다 보니 퇴직 후의 삶을 준비하는 연령대도 점차 낮아지고 있다. 노사발전재단에서 운영하는 중장년층 생애 경력설계 프로그램 대상 연령 기준도 만 50세에서 만 45세 이상으로 낮아졌다. 도태되지 않기 위해 자기 계발을 열심히 하거나 창업을 준비하는 직장인도 많아졌다. 하지만 퇴직자를 지원하는 사회적 기반이 약한 국내의 현실은 아직 많이 아쉽기만 하다.

결국 퇴직 후에 일어날 수 있는 비극은 나라와 회사, 남 탓을 할 수도 있겠지만 미리 준비하지 않은 개인의 책임이 가장 크다. 비전은 회사나 남이 만들어 주지 않는다. 스스로 만들어야 하는 것이다. 그렇다면 퇴직 후 재취업이나 창업하거나 원하는 일을 하려면 어떻게 해야 할까? 회사에 다니면서 플랜 B를 준비해야 한다.

야생에서의 위험을 감소시키는 법

직장인들로부터 "창업할 때, 책을 쓸 때, 또는 자신이 진정으로 원하는 무언가를 하고 싶을 때 직장을 휴직하거나 그만두는 것이 좋을까요?"라는 질문을 종종 받는다. 이 질문에 대한 내 대답은 "No!"다.

마이크로소프트의 빌 게이츠, 구글의 레리 페이지와 세르게이 브린, 애플의 공동 창업자 스티브 워즈니악은 IT 역사에서 한 획을 그은 인물들이다. 놀랍게도 이들 모두는 창업한 회사가 안정적인 궤도에 오를 때까지 다니던 회사나 학교를 그만두지 않았다. 이들은 무리해서 위험을 감수하기보다 최대한 위험을 감소시키는 것이 성공의 비결이라고 말한다. 애덤 그랜트가 쓴 《오리지널스》에서도 직장에 다니면서 창업을 한 사람들은 그렇지 않은 사람들보다 실패할 확률이 33퍼센트 낮았다고 말한다.

온라인 안경 판매 기업 '와비파커' 역시, 창업자 중 한 사람이 사업에 매진하는 동안 나머지 세 사람은 직장에 다니면서 경제적 안정을 꽤하며 사업이 실패할 경우를 대비하다가 사업이 궤도에 오른 후 사표를 냈다. 애플의 공동 창업자 스티브 워즈니악도 1976년 스티브 잡스와 창업을 한 후 다음 해인 1977년까지 휴렛팩커드에 계속 다녔다. 구글의 래리 페이지와 세르게이 브린은 1996년 인터넷 검색 기능을 획기적으로 향상시킬 방법을 알아냈다. 하지만 자신들이 얼마나 뛰어난 서비스를 발견했는지 몰랐다. 뒤늦게 사업성을 깨달은 그들은 2년 후 스탠포드 대학원 과정을 휴학했다. 빌 게이츠 역시 자신이 개발한 소프트웨어의 상업성을 확인하고 1년 후 학업을 중단했다.

나 역시도 회사에 다니면서 많은 준비를 한 상태에서 퇴사했다. '많은 준비를 한 상태'의 의미는 자신 있게 내밀 수 있는 프로필과 강의 콘텐츠를 갖췄고, 나를 마케팅하고, 영업해 주고 강의를 연결해 주는 에이전트 및 기업교육 회사들과 네트워킹이 되어 있었다는 의미다. 평소 내 역량을 높이 사준 이들은 내가 회사를 그만뒀다는 소식을 전하자 적극적으로 나를 시장에 세일즈해 주었다.

결국 야생에 나와서도 완전히 홀로서기를 하기는 어렵다. 인간은 타인의 도움 없이는 살아갈 수 없기 때문이다. 그러려면 평소에 회사 밖의 사람들과도 교류를 해 두어야 한다. 실제로 회사 선후배, 동료들처럼 강하게 연결된 관계보다 약하게 연결된, 그저 알고 지내고 있는 회사 밖 지인들이 도움이 될 때가 더 많다. 이렇게 직장에 있을 때 직장 밖의 세상과 미리미리 교류해 두면 야생에 나와서 잠재적 기회와 행운을 얻을 가능성이 더 커진다.

많은 직장인이 책을 쓰기 위해 휴직하거나 사표를 내기도 한다. 내 주변에도 책을 쓰겠다며 휴직계를 냈지만 원하는 성과를 거두지 못한 사람들이 몇몇 있다.

어떤 여성이 3년 동안 백수인 남편의 사연을 인터넷 커뮤니티에 올렸다가 화제가 되어 기사화된 적이 있었다.

임신 6개월쯤, 남편이 책을 쓰기 위해 퇴사하겠다는 말에 동의해 주었지만 2년이 되도록 성과가 없었다. 모아 둔 돈과 시댁의 지원을 받으며 살림을 꾸려 나갔지만 서서히 바닥을 드러내고 있었다. 그래서 남편에게 회사 다니면서도 충분히 책을 쓸 수 있지 않냐며 입사를 권했지만 남편이 조금만 더 해 볼 테니 응원해 달라고 했다. 3년이 지나도 성과는 없었고, 원고는 매번 출판사에서 거절당했다. 그러다 결국 남편은 자비로 책을 출간했다. 하지만 홍보가 안 되니 아무도 책이 나온 걸 몰랐고, 팔릴 리도 없었다.

남편은 회사에 다니면서 책을 쓰라는 아내의 말을 들었어야 했다. 회사에 다닌다고, 시간이 없어서 책을 못 쓰는 것이 아니다. 시간을 내지 않아서, 의지가 약해서 못 쓰는 것이다. 직장인이라면 책을 쓴다는 이유로 회사를 그만두는 일은 없길 바란다. 경험상 회사에 다니면서도 충분히 책을 쓸 수 있기 때문이다.

회사에 다니면서 책을 낸 사람들은 나를 포함해 매우 많다. 휴직이나 퇴사가 아니라 강한 의지와 실행력이 책을 완성한다.

사직서를 쓰기 전에 꼭 답해야 할 10가지 질문

"사표를 쓰려다가《발가벗은 힘》을 읽고, 쓰지 않기로 결심했습니다. 예전과 똑같은 상황인데, 이 책을 읽은 후 회사 생활이 어느 순간 다르게 보이기 시작했습니다. 나를 힘들게 하고 고민하게 하던 모든 일들이 어느 순간 나를 성장시키고 강하게 하는 나만의 콘텐츠와 스토리가 되고 있었습니다. 기존과 같은 상황인데 잘 이겨 내니 나의 디딤돌이 되어 가고 있고, 자양분이 된다고 생각하니 직장 생활이 즐거워지기 시작했습니다."

《발가벗은 힘》에 대해 위와 같이 서평을 써 준 독자를 만날 기회가 있었다. 책 출간 후 '발가벗은 힘'이라는 동명의 특강을 몇 번 진행했는데, 알고 보니 그 강의를 들었던 사람이었다. 강의가 끝난 후 짧게 담소를 나눴었고, 이후 개인적인 만남으로도 이어졌다. 외국계 기업의 세일즈 부서에서 관리자로 일하는 40대 초반의 그는 왜 사표를 쓰려다 말고 직장 생활을 즐기려고 마음먹게 되었을까? 이유는 직장 생활을 대하는 관점이 바뀌었기 때문이다.

직장 생활을 먹고 살기 위한 생계의 수단으로 바라보면 지겹기 마련이다. 그런데 직장 생활이 나를 성장시켜 주는 디딤돌이라는 관점에서 바라보면 즐거울 수도 있는 법이다. 하루의 3분의 1의 시간을 보내는 회사에서 나의 경쟁력을 높이고 미래를 찾을 수 있다면 그것이야말로 최선의 전략이 아니겠는가! 나 역시 회사에서 미래를 준비했고, 그 덕분에 사표를 쓰기 전에 '발가벗은 힘'을 갖출 수 있었으며, 퇴사 후 야생에 나와 전문가로 연착륙할 수 있었다.

나는 그에게 머지않은 미래에 어떤 커리어를 갖추길 원하는지 물었다. 그는 퇴사 후 나처럼 코칭과 강의를 하고, 책도 출간하고 싶다고 했다. 그래서 차근차근 준비해 왔다고 했다. 그런데 《발가벗은 힘》을 읽고 '야생에서 연착륙하려면 더 많은 준비가 필요하겠구나'라고 느끼고 사표를 철회했다고 했다. 그의 아내가 퇴사를 말렸을 때는 수용하지 않았지만 책을 읽은 후 스스로 설득되었다고 했다.

나는 그에게 세일즈 분야의 전문가로 인정받으려면 무엇이 필요한지 물었다. '회사에서 세일즈 성과가 좋다고 해서, 과연 세상이 당신을 세일즈 전문가로 인식할까?' '강의료를 내면서까지 당신의 강의를 들으러 올까?' 하는 물음이었다. 이 질문에 그는 명쾌히 답하지 못했다.

나는 그에게 지금부터는 강의를 들으러 다니기보다 자신만의 콘텐츠를 만들라고 조언했다. 우선 4시간짜리 세일즈 강의 자료를 만들고, 이후 8시간, 16시간짜리를 만들어 보라고 권했다. 또 향후 로드맵에 대해서도 나의 경험을 토대로 조언했다.

나와의 대화를 통해 다행히도 그는 관점이 바뀌었다. '직장에서 월급 받으면서 경험하는 모든 세일즈 관련 활동이 전문가로 성장하는 밑거름이 되겠구나. 그 모든 것을 나만의 콘텐츠로 승화시키면 되겠구나!'라고 말이다.

얼마 후 그에게 연락이 왔다. 4시간, 8시간, 16시간짜리 세일즈 강의 콘텐츠를 만들었다는 것이다. 조언을 실행해 옮긴 것이다. 그는 "세일즈가 적성인 줄 몰랐습니다. 자료를 정리하다 보니 저에게 잘 맞는 것 같아요!"라는 말을 덧붙였다. 뿌듯한 마음이 들었다.

나는 다음 단계에 대해 조언했다. 만들어 놓은 강의 콘텐츠를 현장에서 테스트해 보라고. 세일즈 전문가가 되고 싶은 사람들이 수강했을 때 실제로 도움이 되는지 말이다. 그리고 그게 입증되면 강의 내용을 토대로 책을 쓰라고 했다.

내 조언은 실제 경험에서 우러나온 것이었다. 회사에 다니면서 16시간짜리 '전략 코칭' 프로그램을 만들었고, 전략 분야에 대한 나만의 이론과 철학을 정립할 수 있었다. 그리고 이를 토대로 칼럼을 쓸 수 있었으며, 책을 집필할 수 있었다. 결국 강의 자료를 만들면서 축적된 지적 역량이 칼럼과 책 집필로 이어진 것이었다.

요지는 회사에 다니면서 미리 '나의 힘'을 기르라는 것이다. 내 힘을 길러야 좋은 인맥이 생기고, 불러주는 곳도 생긴다. 그러니 공부만 하지 말고 내 것을 만드는 데 더 많은 시간을 쓰라고 권한 것이다. 지금 이 사람은 어떻게 되었을까? 실제로 몇 년의 준비 기간을 거쳐 퇴사하였고, 시장에서 자리를 잡았으며, 코칭 전문 회사를 설립하여 운영하고 있다.

회사를 그만두고 싶은가? 그렇다면 사표를 쓰기 전에 직장 생활의 의미를 되새겨 보고, 미래에 하고 싶은 일과 연결해 보자. 그러면 직장 생활의 의미가 새롭게 다가올 것이다. 그리고 미리 준비해서 나오자. 야생은 그렇게 만만하거나 호락호락하지 않은 곳이다.

'인생을 살면서 자신에게 던져야 할 10가지 질문'이 있다. 이 질문은 '사직서를 쓰기 전에 꼭 답해야 할 10가지 질문'이라고도 할 수 있다. 교과서 내용이 아닌, 나의 실제 경험을 토대로 만든 질문들이다. 사직서를 가슴에 품고 사는 분은 이 질문들에 답을 해본 후 사직서를 낼지를 결정하면 어떨까 한다. 이 10가지 질문에 대해 자신 있게 답할 수 있었기에 나는 용기를 내어 퇴사를 결정할 수 있었다.

※인생을 살면서 자신에게 던져야 할 10가지 질문

(사직서를 쓰기 전에 꼭 답해야 할 10가지 질문)

---

1. 남은 삶을 어떻게 살고 싶은가?
2. 어떤 일을 할 때 가슴이 뛰는가?
3. 평생 덕업일치할 수 있는 일은 무엇인가?
4. 회사가 아닌 다른 대안으로 무엇이 준비되어 있는가?
5. 내 이름 석 자만으로 홀로 설 수 있는 자생력을 갖췄는가?
6. 나의 핵심역량과 전문 분야는 무엇인가?
7. 내 분야에서 자신 있게 내밀 수 있는 프로필이 있는가?
8. 나를 도와주고 협력할 수 있는 인적 네트워크가 있는가?
9. 10년 뒤 내가 꿈꾸는 나는 어떤 모습인가?
10. 언제라도 사직서를 던지고 나올 용기가 있는가?

4말5초 시대,
직장인의 스마트한 인생 전략

회사에 다닐 때 잠시 사내 강사와 퍼실리테이터facilitator로 활동을 한 적이 있다. 이때 강사 양성 팀에서 내게 강의를 의뢰한 적이 있다. 회사와 전체 계열사의 사내 강사 및 퍼실리테이터 약 300여 명을 대상으로 특강을 해달라는 것이었다. 전체 강사 중 책을 쓴 사람은 내가 유일했고, 전문 코치 자격 등을 보유하고 있다는 사실 때문에 강의를 요청한 것으로 알고 있다. 사내 강사와 퍼실리테이터들의 활동과 자기 계발을 독려하기 위한 목적이었는데, 그들에게 동기부여가 되도록 희망적인 메시지를 전달해 달라는 것이었다.

고심 끝에 '직장인의 스마트한 인생 전략: 내가 생각하는 조직에서의 자기 계발'이라고 제목을 정하고 강의를 준비했다. 청중이 강사와 퍼실리테이터들이라서 나는 떨리는 마음으로 강의를 풀어갔다.

강의 시작과 동시에 청중을 향해 질문을 던졌다.

"여러분! 지금, 이 순간, 행복하십니까?"

그러자 몇 사람이 "네!"라고 대답했다.

그 대답에 나는 이렇게 화답했다.

"이 활동이 마냥 행복하지만은 않은 분들도 계실 겁니다. 이 활동을 스스로 선택하지 않은 분들은요. 그러나 행복해 하고, 감사하는 마음을 가지시면 어떨까요? 누구나 이런 기회를 얻을 수 있는 게 아닐뿐더러 이런 기회를 잘 활용하신 분과 그렇지 않은 분은 인생 후반부에 큰 차이가 날 수 있으니까요."

그러고 나서 내 소개를 간략하게 했다.

"저는 회사 일과 자기 계발을 즐기며 제2의 인생 설계에 대해 스마트한 계획을 세우고 차근차근 실행해 나가고 있는 직장인입니다."

이후 내가 왜 자기 계발을 열심히 하게 되었는지, 각종 자격증은 왜 취득하게 되었는지, 책을 쓴 이유는 무엇인지, 어떤 꿈과 비전을 갖고 있는지, 그리고 내적 동기가 불러일으키는 행복이 얼마나 중요한지에 대해 조곤조곤 풀어 나갔다. 다행히 청중들은 내 이야기를 몰입해서 들어 주었다.

내가 그 강의에서 했던 말은 대략 이런 내용이었다.

"여러분은 총연봉을 어떻게 산정하세요? 저는 이렇게 산정합니다. 제 급여에 회사에서 받은 교육비를 합치는 거죠. 여러분이 받으신 2박 3일의 퍼실리테이션 교육 또는 여타의 교육을 개인적으로 수강한다면 꽤 비싼 돈을 내야 한다는 사실을 알고 계실 겁니다. 2박 3일짜리 교육은 100만 원이 넘어가기도 합니다."

"'Make the most use of it!' '무엇인가를 최대한 활용한다'라는 뜻입니다. 회사도 성과를 내기 위해 직원이라는 인적 자원을 최대한 활용해야 하고, 직원들도 회사에서 제공하는 것들을 최대한 활용해야 합니다. 그래야 회사와 직원이 윈윈하게 됩니다. 저는 회사에서 지원하는 제도를 최대한 활용하고 있습니다. 회사의 지원으로 MBA를 다녀왔고, 다양한 교육을 꾸준히 수강하고 있으며, 회사에 다니면서 자격증을 취득했고, 또 이렇게 사내 강사로 활동하고 있습니다."

"회사는 나의 재능을 테스트하고 미래를 준비하는 무대이자 연습장입니다. 누가 이렇게 제 강의를 들으라고 많은 분을 모아 주겠습니까? 누가 여러분께 1박 2일간 워크숍을 진행해 달라고 시간을 내 주겠습니까? 그러니 감사한 마음으로 이 시간을 잘 활용해 보면 어떨까요?"

"'공부는 날 배신하지 않는다!' 제가 자주 하는 말입니다. 조직은 날 배신할 수도 있지만, 공부는 배신하지 않는다고 생각합니다. 여러분은 이 자리에 공부하러 오신 거잖아요. 오셔서 하나라도 배우고 얻어 가시는 분이 승자입니다."

"그런데 공부, 즉 자기 계발을 지치지 않고 하려면 내적 동기 외에 훌륭한 목적이 있어야 합니다. 여러분이 사내 강사나 퍼실리테이터 활동을 강의 실적에 대한 의무감 때문에 하는 것과 이왕 하는 것, 회사와 참가자들을 위해 의미 있는 결과물을 도출하고 자기 자신의 역량 향상을 위해 제대로 해 보겠다고 결심하고 하는 경우엔 분명 결과에 있어서 큰 차이가 있을 겁니다."

그리고 다음과 같은 질문들을 던졌다.

"나는 스스로에게 어떤 동기부여를 하며 사는가?"

"이 활동에 부여하는 나의 훌륭한 목적은 무엇인가?"

"이 활동을 통해 내가 얻으려는 진정한 가치는 무엇인가?"

"그 가치를 무엇으로 승화시키고 싶은가?"

"지금, 이 순간, 내 가슴은 뭐라고 말하는가?"

그리고 내가 정의 내린 '직장인의 스마트한 인생 전략'을 청중과 함께 읽으며 강의를 마쳤다.

4말5초 시대, 직장인의 스마트한 인생 전략이란!

회사에서 얻을 수 있는 기회를 최대한 활용해 성장하고, 이를 통해 회사도, 나도 성장시키는 윈윈 관계를 구축하며, 회사에서 쌓은 역량을 제2의 인생 설계와 연계하는 것! 또 지금 옆에 있는 사람과 상호 성장 관계를 구축하는 것!

다만 내적 동기, 훌륭한 목적에 의한 계획에 따라 행동할 때 퍼포먼스가 달라지고 삶이 훨씬 행복해짐!

긴장하면서 준비했던 강의가 끝나고 박수 소리가 이어지자 그제야 한숨을 내쉬었던 기억이 지금도 생생하다. 다행히 주최 측도 소기의 목적을 달성한 듯 꽤 만족스러워 했다.

강의 평가서를 보니 '강의를 듣고 동기부여가 되었다' '책을 쓰겠다는 의지가 생겼다' '사내 강사와 퍼실리테이터 활동을 더 열심히 하겠다' '자기 계발을 더 열심히 하겠다' 등 반응이 다양했다. 개인적으로 감사의 메일을 보낸 사람도 있었다. 그중 몇 사람은 그룹 멘토링을 요청하여 함께 식사하면서 멘토링을 한 적도 있다.

중요한 건 이들 중 몇 사람은 내가 어떻게 바닥 구간을 다져 왔는지를 습득함으로써 무언가에 도전할 용기를 얻었다는 사실이다. 내가 깨닫고 터득했던 노하우가 비슷한 고민을 하고 있던 이들이 시행착오를 줄이고 의지를 갖고 무언가를 실행하는 데 도움이 된 것이다.

100세 시대의 전략, 대기면성!

세상엔 '늦게 피는' 사람들이 있다. 나도 그런 사람 중 하나인 것 같다. 잘 피었는지는 아직 판단하기 이르지만, 분명 과거보다 현재가 나아졌고, 미래는 현재보다 더 나으리라 기대한다.

내 강의를 들은 사내 강사와 퍼실리테이터들 중엔 나보다 나이가 많은 사람들도 꽤 있었다. 그리고 많은 나이에도 직책자가 되지 못하고 과장, 차장 직급을 달고 있는 사람들도 있었다.

하지만 이들은 아직 열정을 내뿜고 있었고, 새로운 비전을 만들고 실천하고 있었다.

젊은 날 결코 남들보다 노력을 게을리하지 않았음에도 주위 동료들만 승승장구하는 것을 지켜봐야 한다면 그 심정은 어떨까? 그러나 늦게 피어나는 사람들은 벽에 더 많이 부딪히고 더 많은 시험을 거치면서 자신에 대해 더 깊이 이해할 수 있게 된다. 그리고 그런 과정 끝에 얻은 성공은 더 오래 유지될 것이다.

시인이자 종교 지도자였던 사무엘 울만이 〈청춘〉이라는 시에서 말한 것처럼 사람은 '세월만으로 늙어 가지 않는다. 이상을 잃어버릴 때 늙어 간다. 세월은 피부의 주름을 늘려 가지만, 열정을 가진 마음을 시들게 하지는 못하는 것'이다. 법정 스님도 《살아 있는 것은 다 행복하라》라는 책에서 "우리가 걱정해야 할 것은 늙음이 아니라 녹스는 삶이다. 인간의 목표는 풍부하게 소유하는 것이 아니라 풍성하게 존재하는 것"이라고 했다.

'큰 그릇을 만드는 데는 오랜 시간이 걸린다'라는 뜻의 사자성어 '대기만성大器晩成'은 원래 《노자》에 실린 '대기면성大器免成'을 잘못 표기하면서 생긴 말이라고 한다. 원문에 실린 '면免'을 옮겨 적는 과정에서 '만晩'으로 잘못 표기해 오늘날 '대기만성'이라고 하게 되었다는 것이다. '대기면성'은 '진정 큰 그릇에는 완성이 없다'는 뜻이다. 즉, 큰 그릇이 되는 건 끝이 있는 '완료형'이 아니라 계속해서 완성해 나가야 하는 '현재진행형'이라는 뜻이다.

중요한 건, '지금'을 나태하게 살면서 이룰 수 있는 건 아무것도 없다는 사실이다.

시간이 흐른다고 미래가 되는 것은 아니다

나는 타고난 낙관주의자다. '하면 된다. 모든 것이 잘될 것이다'라는 사고방식으로 접근한다. 사회 생활을 하면서 다양한 일을 겪으면서 비관주의자적 성향도 생겨났지만 나는 타고나길 낙관적으로 태어났다.

낙관주의는 미래에 대해 긍정적인 태도나 경향을 보이는 것을 말하는데 낙관주의적인 사람은 인생의 긍정적인 면을 보기 때문에 난관에 부딪히더라도 용기와 희망을 잃지 않으며 목표를 이루기 위해 적극적으로 노력한다. 그리고 그러한 목표는 자기충족적 예언으로 인해 달성 가능성이 커진다. "말이 씨가 된다"는 속담이 현실에서 실제로 일어나는 것이다.

반면 부작용도 있다. 비현실적인 낙관주의의 경우 실패로 이어질 수 있다는 점에서 낙관주의가 늘 긍정적인 것만은 아니다. 실제로 전통 심리학에서는 낙관주의에 대해 다소 부정적인 것이 사실이었다. 프로이트는 낙관주의에 대해 '종교적 형태의 낙관주의는 인간의 가능성을 높일 수 있지만, 이는 본질적으로 인간의 본성과 현실을 부인하는 것이므로 그 대가를 지불하게 될 것'이라고 했다. 즉 '현실을 왜곡해 바라보게 하는 허황된 기제'라는 입장이 심리학계의 보편적 분위기였다.

마틴 셀리그만의 《학습된 낙관주의》에 따르면 20세기에 심리학자들은 프로이트 등의 영향으로 마음의 부정적인 면에 몰입한 경향이 있다고 한다. 다시 말해 기존의 심리학은 '어떻게 하면 고통을 덜 수 있을까'에 대해서만 이야기했을 뿐 '인생에서 가장 좋은 것을 어떻게 찾을 것이며, 그에 따라 어떻게 살 것인지'에 대해서는 이야기하지 않았다는 것이다. 이러한 경향에 대해 반성하고 마음의 밝은 면을 규명해서 북돋우려는 심리학 분야가 바로 '긍정 심리학'이다.

1990년대에 들어서면서 낙관주의는 긍정적인 인간의 기질로 파악되기 시작했고, 인간의 심리적·신체적 건강에 긍정적으로 작용하는 변인으로 연구되기 시작했다. 그리고 이런 낙관주의에 대한 조명은 긍정 심리학과 그 경향이 맞물려 있다.

'인간은 행복과 성장을 추구하는 존재'라는 가정 아래 인간의 행복과 강점을 과학적으로 연구하는 긍정 심리학에서 가장 관심 있게 보는 주제 중 하나가 바로 낙관주의다. 하지만 대책 없는 낙관주의는 근거 없는 자신감과도 같다. 그래서 나는 대책 있는 낙관주의, 근거 있는 자신감을 갖고자 노력해 왔다.

근거 있는 자신감으로 무장하라

페이팔의 공동 창업자인 피터 틸과 블레이크 매스터스가 공동 집필한 책 《제로 투 원》에서는 낙관주의와 비관주의를 다음과 같이 4가지 유형으로 구분했다.

① 불명확한 비관주의자 ② 명확한 비관주의자
③ 명확한 낙관주의자 ④ 불명확한 낙관주의자

낙관적	1950년대~ 1960년대 미국	1982년~ 현재 미국
비관적	현재의 중국	현재의 유럽
	명확	불명확

미래가 현재보다 나을 거라고 생각하는 사람도 있고, 그 반대일 거라고 생각하는 사람도 있다. 낙관주의자들은 미래를 긍정적으로 보고, 비관주의자들은 미래를 두려워한다. 이 두 가지 유형을 결합하면 위와 같이 네 가지 시각이 존재하게 된다.

1 불명확한 비관주의자

불명확한 비관주의자는 미래를 암울하게 예상하고, 무엇을 어떻게 해야 할지 몰라 한다. 1970년 초반부터의 유럽이 여기에 해당한다. 당시의 유럽 대륙은 정부가 표류하던 시기였다. 유로존에 속하는 대다수 국가가 서서히 위기에 빠져들고 있었지만 책임지고 그 사태를 수습할 사람은 아무도 없었다. 불명확한 비관주의자가 난관을 앞에 두고 할 수 있는 일이라고는 먹고 마시고 즐기면서 쇠퇴기가 지나가기를 기다리는 것뿐이다. 유럽인들이 휴가에 열광하는 데는 다 그만한 이유가 있는 것이다.

2 명확한 비관주의자

명확한 비관주의자는 미래를 예측할 수 있다고 믿기는 하지만 그 미래가 암울할 것이기 때문에 미리 준비해야 한다고 여긴다. 오늘날 가장 확실하게 비관주의적인 입장을 취하고 있는 나라는 중국이다. 중국은 서구를 무차별적으로 베끼고, 석탄을 대량 사용하며, 그 어느 때보다 많은 공장과 고층 건물을 지어 올리며 빠르게 성장했다. 하지만 너무 많은 인구로 인해 원자재 값이 계속 상승하고 있어 생활 수준이 선진국을 따라잡을 방도가 없다. 이 점을 알고 있는 지도자들은 상황이 더 나빠질 것이라는 분위기를 조성하고 있고, 국민들 역시 추운 겨울이 다가오고 있다는 사실을 알고 있다. 중국인들은 계층을 막론하고 미래를 심각하게 받아들인다.

3 명확한 낙관주의자

명확한 낙관주의자는 자신이 미래를 계획하고 노력한다면 지금보다 더 나은 미래가 펼쳐질 것으로 생각한다. 18세기 이후부터 1960년대에 이르기까지 서구 사회를 이끌어 온 이들은 명확한 낙관주의자들이었다. 그중 미국인들은 줄곧 전 세계에서 가장 멀리 내다보는 명확한 낙관주의자들이었다. 대공황조차 미국의 거침없는 성장을 멈추게 할 수는 없었다. 엠파이어 스테이트 빌딩, 금문교 같은 미국을 상징하는 건축물은 물론, 미국의 핵 개발과 관련된 맨해튼 프로젝트, 나사의 아폴로 계획 등도 이들에 의해 수립되고 실행되었다. 미국 사회를 이끌어 온 과학자, 기술자, 의사, 사업가들이 만들어 낸 세상에서 사람들은 이전에는 상상하지도 못했던 부와 건강을 영위했다.

4 불명확한 낙관주의자

1970년대라는 비관적 시기를 거쳐 1982년부터는 불명확한 낙관주의가 줄곧 미국인들의 사고를 지배해 왔다. 주가는 연일 상승세를 탔고, 금융과 공학이 만나 환상적인 미래가 성큼 다가오는 듯했지만 정확히 어떻게 더 좋아질지는 몰랐기 때문에 그 어떤 구체적인 계획도 세우지 않았다. 이들은 노력을 통해 새로운 제품을 만들어 내기보다 이미 고안되어 있는 제품들을 재조합한다.

미국의 기성세대들은 자녀들에게 안정된 길을 가라고 독려한다. 베이비붐이라는 기이한 역사가 만들어 낸 이 불명확한 낙관주의 세대는 힘들이지 않고도 진보하는 데 익숙한 나머지, 그게 당연한 일이라고 생각한다. 이들이 겪은 세상은 해마다 나아졌고, 자신의 노력과 상관없이 세상은 발전했다. 따라서 이들은 순진할 수도 있는 낙관주의를 의심할 이유를 찾을 수 없었다. 뻔히 정해져 있는 길 위에서 커리어를 안정적으로 구축할 수 있었던 부모 세대는 자녀들의 삶이 그렇지 않으리라고는 상상도 하지 못한다.

불명확한 비관주의자는 미래가 암울할 것이라고 예상하지만 그래서 뭘 어떻게 해야 할지 모르며, 미래를 위해 아무 준비도 하지 않는다. 명확한 비관주의자는 미래는 예측할 수 있다고 믿지만 그 미래가 암울할 것이기 때문에 철저하게 준비해야 한다고 생각한다. 명확한 낙관주의자는 자신이 미래를 계획하고 더 나은 미래를 만들기 위해 노력한다면 지금보다 더 나은 미래가 올 것으로 생각한다. 불명확한 낙관주의자는 미래가 현재보다 더 좋을 것으로 생각하지만 정확히 어떻게 더 좋아질지는 모르기에 구체적인 계획을 세우지 않는다.

이 기준을 적용해 보면 현재 자신이 어느 위치에 있는지 알 수 있다.

나는 낙관주의적 성향이 강하지만 적어도 미래에 대해서는 명확한 비관주의자와 명확한 낙관주의자 사이에 있는 것 같다. 나는 현재도, 미래도 암울한 시기가 지속될 것으로 생각한다. 또한 우리 아이 세대는 더 힘겨운 시대를 살아갈 것으로 예측한다. 하지만 노력은 배신하지 않으며, 미래를 계획하고 준비한다면 지금보다 더 나은 미래가 올 것으로 생각하기에 낙관과 비관 사이에서 균형을 이루며 미래를 계획하고 준비하고 있다. 내가 10년 넘게 열심히 스노우볼을 만들고 굴려 온 것도 그 이유 때문이며, 그러한 노력 덕분에 결실을 맺고 있다.

박노해 시인의 〈경계〉라는 시는 이런 나의 마음을 잘 대변하는 듯하다.

과거를 팔아 오늘을 살지 말 것.

현실이 미래를 잡아먹지 말 것.

미래를 말하며 과거를 묻어버리거나

미래를 내세워 오늘 할 일을 흐리지 말 것.

당신은 앞에서 말한 네 가지 유형 중 어디에 해당하는가?

낙관과 비관 사이에서 균형 잡기

빅데이터 전문가의 강의를 들은 적이 있다. 그는 당시 상승 키워드로 '맛있다' '예쁘다' '저렴하다'라는 세 가지 단어를 들며, '카르페디엠' 즉 지금, 이 순간에 충실하게 사는 것이 중요한 트렌드라고 말했다. 하락 키워드는 '계획하다' '정하다' '멋지다'라고 했다. 나처럼 미래를 계획하고, 목표를 정하고, 인생을 멋지게 살려고 하는 사람은 트렌드에 역행하는 것 같아 웃음이 나왔다.

미래를 낙관할 수 없는 우리의 현실이 욜로 라이프Yolo Life에

열광하게 만들었다는 분석도 있다. 마치 1970년대 초 유럽의 불명확한 비관주의자들이 먹고 마시고 쉬는 데 열광했던 것처럼 말이다. 한평생 돈을 모아도 집 한 채 장만하기 어려운 현실에서 미래를 위해 현재를 희생하기보다 현재를 즐기자는 쪽으로 자연스럽게 눈을 돌리게 되었다는 것이다. 심지어 자기 계발에 염증을 느끼는 사람들도 있다.

하지만 솔직히 가슴에 손을 얹고 대답해 보자. 당신은 오늘보다 더 나은 내일을 꿈꾸지 않는가? 오늘 사는 게 힘들다고 인생을 즐기기만 한다면 노후에는 무슨 자산으로, 무엇을 하면서 놀 것인가?

시간이 흐른다고 미래가 되지는 않는다. 욜로 라이프가 미래를 책임져 주지도 않는다. 그렇다고 미래를 위해서만 살라는 의미는 아니다. 낙관과 비관 사이에서 균형을 잡고, 현재를 즐기면서 동시에 미래를 준비할 수도 있으니 말이다.

나는 그렇게 살고자 노력했다. 회사에 다닐 때 일하는 시간과 자기 계발하는 시간을 구분해 활용했고, 일할 때는 집중해서 일하고 놀 때는 확실하게 놀려고 했다. 제대로 놀기 위해 마흔의 나이에 6개월간 리프레시 휴직을 내기도 했다. 휴직을 한 나는 1970년대 초의 유럽인들처럼 놀고 먹고 마시며 즐겼다. 또 그 와중에 나만의 강의 프로그램을 개발했고, 책과 칼럼에 쓸 콘텐츠를 구상했다. 휴직은 나에게 '2보 전진을 위한 1보 후식' 이었다.

휴직 기간에도 나는 낙관과 비관 사이에서 균형을 유지하려고 했다. 6개월간의 공백으로 분명 잃는 것도 있겠지만 인생 전체로 보면 얻을 게 더 많을 거라는 생각이 들었고, 실제 결과가 그랬다. 그래서 비관적인 상황을 고려하되 되도록 상황을 긍정적으로 바라보려고 한다. 미래에 대한 긍정적인 신념, 태도 및 사고방식을 의미하는 낙관주의는 다음과 같은 측면이 있기 때문이다.

- 목표에 도달할 수 있다는 믿음: 이런 믿음은 현실의 어려움을 정확하게 직시하면서도 '그럼에도' 나의 목표는 이루어질 거라고 믿는 것으로, 근거 없는 희망과는 거리가 있다.
- 목표를 향해 가는 과정에 대한 태도: 목표를 향해 가는 과정에서 자신이 옳다고 생각하는 방식으로 온 힘을 다해 노력하면서도 결과에 대한 강박 없이 과정 자체에 몰입하는 태도를 말한다.

이처럼 낙관주의는 현실에서의 부정적인 사건을 긍정적으로 재조합하는 비현실적인 사고방식과는 다르다. 오히려 낙관주의는 현실에 적극적으로 대응하는 방식이다. 처칠은 "비관주의자는 기회 속에서도 두려움을 보고, 낙관주의자는 어려움 속에서도 기회를 본다"고 말했다. 나는 만화영화 〈곰돌이 푸〉에 나오는 "매일 행복하진 않지만, 행복한 일은 매일 있어"라는 대사를 좋아한다. 절망 속에서도 희망을 보는 낙관주의적인 자세, 그리고 이러한 삶의 태도야말로 오늘날 직장인들이 가져야 할 태도일 것이다. 이러한 태도가 정립되면 삶을 이끄는 동력, 즉 엔진은 힘차게 움직일 수밖에 없다.

나에게 던져야 할 질문들

나의 발가벗은 힘은 1~10점 중 몇 점이나 되는가?

나는 플랜 B를 위해 무엇을 준비하고 있는가?

직장인으로서 나의 스마트한 인생 전략은 무엇인가?

나는 어떤 유형인가?
① 불명확한 비관주의자 ② 명확한 비관주의자
③ 명확한 낙관주의자 ④ 불명확한 낙관주의자

나는 미래를 위해 어떤 대책을 세워 놓고 있는가?

4

혼자 있는 힘

휴식도 전략이다

일찌감치 고독을 연습하라

“

나는 고독을 즐기고 있는가?

나의 고독은

'혼자 있는 고통loneliness'인가,

'혼자 있는 즐거움solitude'인가?

”

휴식도 전략이다

사람이 살아가면서 꼭 위로 높아지는 것만이 정답은 아닌 것 같아. 옆으로 넓어질 수도 있는 거잖아. 마치 바다처럼. 넌 지금 이 여행을 통해서 옆으로 넓어지고 있는 거야. 많은 경험을 하고, 새로운 것을 보고, 그리고 혼자서 시간을 보내니까. 너무 걱정 마. 내가 여기서 시간을 보내는 동안 다른 사람들이 너보다 높아졌다면, 넌 그들보다 더 넓어지고 있으니까.

– 김동영, 《너도 떠나보면 나를 알게 될 거야》 중에서

우리는 앞만 보고 달려가는 데 급급할 때가 많다. 하지만 높아지는 것보다 중요한 것은 내 삶의 깊이를 더하며 넓어지는 것이다. 진정한 나 자신과 마주하고 더 넓어지기 위해 애쓸 필요가 있는 것이다. '옆으로 넓어진다는 건 무슨 의미일까?' '어떻게 하면 그렇게 될 수 있을까?'

이 글을 읽고, 나 자신에게 이런 질문을 던졌다. 늘 앞만 보고 달려온 나 자신을 잠시 멈춰 서게 하는 질문이었다.

사실 그 당시 내게는 인생관을 바꿀 만한 사건이 하나 있었다. 미국 유학 시절, 몸이 좋지 않다고 느꼈던 나는 병원에 가서 건강검진을 받았다. 그런데 검사 결과가 좋지 않았다. 의사는 내게 6개월간 약을 먹으라고 처방하며, 만일 6개월이 지나도 호전되지 않으면 방사선 치료를 받아야 한다고 했다.

MBA를 준비하기 전부터 쉴 새 없이 달려왔던 지난날들이 머릿속을 스쳐 지나갔다. 늦은 시간까지의 야근, 밤늦게까지 이어지는 상사 및 선배들과의 술자리, MBA 입학 준비를 위한 주말 공부 등 앞만 보고 달려왔었는데 기어코 탈이 나고야만 것이다.

그때 나는 '이대로 내 인생이 끝날 수도 있겠구나' 하는 생각이 들었다. 하지만 타고난 낙관주의자답게 "에이! 설마 죽기야 하겠어? 괜찮아지겠지!"라고 말하면서 근심 가득한 아내를 위로했다.

나는 6개월간 독한 약을 먹었고, 거의 매일 운동을 해야만 했다. 식단도 모두 바꿨다. 다행히 6개월 후, 의사는 좋은 소식을 전해 주었다. 그리고 지속해서 관리한 덕분에 지금까지 건강을 잘 유지하고 있다. 하지만 지금도 그때를 생각하면 아찔하다.

이 일을 계기로 내 가치관은 많이 달라졌다. 젊은 나이에 죽을 수도 있다고 생각하니 이제부터라도 내가 원하는 삶을 살아야겠다는 생각이 강해졌다. 코칭을 공부하게 된 것도, 남은 삶을 좀 더 의미 있게 살아야겠다는 비전을 설정하게 된 것도 모두 이 사건의 영향이 크다.

나는 건강에 적신호 판정을 받았을 때, 그 어느 때보다 더 열심히 공부했고 더 열심히 운동했으며 더 열심히 여행을 다녔다. 이때 낙관주의자인 나의 긍정 세포들이 내 몸에 더 활성화된 것 같다. 건강이 호전된 것도 그 이유 때문이 아닐까 싶다. 만일 좌절하고 모든 것을 손에서 놓아 버렸다면 어떻게 됐을까? 생각만 해도 끔찍하다.

인생에는 좋은 일도, 나쁜 일도 생기게 마련이다. 하지만 인생을 길게 놓고 보면 좋은 일이 꼭 좋은 것만도 아니고, 나쁜 일이 꼭 나쁜 것만도 아닐 때가 있다. 승진에서 미끄러진 일은 나에게 진정한 역량을 쌓을 계기가 되었고, 몸이 아팠던 일은 내가 내 삶의 주인으로, 내가 원하는 삶을 자유롭게 살도록 하는 계기가 되었다. 또한 건강에 대해 소중함을 일깨워 준 계기가 되었다. 내가 야생에 나와 가장 신경 쓰는 건 내 몸을 챙기는 일이다. 코치, 강사, 컨설턴트라는 직업은 마치 연예인과 같다.

《걷는 사람, 하정우》라는 책에서 영화배우 하정우 씨는 '일정한 곳에 출근하지 않는다는 건 그만큼 언제 일이 들어오고 불쑥 스케줄이 잡힐지 모르니 늘 몸을 만들어 놓아야 한다는 뜻'이라고 말했다. 나에게도 해당이 되는 말이다. 그래서 건강한 음식을 먹고, 운동을 틈틈이 하려고 노력하고 있다. 지금은 초등학생 아들과 함께 복싱을 배우고 있는데, 거의 매일 강의와 코칭이 있지만 복싱으로 체력을 다지니 몸이 견딜 만하다.

장기적인 관점에서 몸에 대한 투자는 무엇보다 중요하다. 내 심신이 바로 서야 가족도, 일도, 주변도 잘 챙길 수 있다. 또한 다양한 활동을 소화하려면 무엇보다 건강해야 한다. 며칠간 운동하지 않고 몸을 챙기지 않은 상태에서 강단에 서면 몸이 먼저 알고 적신호를 보내기 때문이다. 결국, 심신이 건강해야 행운도 깃든다.

2보 전진을 위한
1보 휴식

MBA 졸업 후 회사로 복귀한 나는 예전처럼 열심히 일하면서도 나 자신을 챙기고 내가 원하는 삶을 살기로 다시 한번 다짐했다. 그리고 마흔 살이 되면 전력질주하던 것을 잠시 멈추고 '넓어지는' 계기를 마련하겠다고 마음먹었다. 회사에서 시행하는 리프레시 휴직 제도를 활용하면 될 터였다.

그리고 마흔 살이 되었을 때 나는 실제로 6개월간 휴직을 냈다. 생각해 보면 인생의 중반기를 거치면서 나 자신에게 준 가장 큰 선물이었다. 운동 경기 중간에 선수들이 하프타임을 갖는 것처럼 인생이라는 경기의 중간에 나 자신에게 하프타임을 준 것이다.

'내 인생 꺾어질 무렵, 한 번 정도는 나 자신을 위해 쉬는 것도 의미가 있을 것이다. 그것도 없이 인생을 무슨 낙으로 살겠는가! 2보 전진을 위한 1보 휴식이라고 생각하자!'

어렵게 아내를 설득했지만 문제는 회사였다. 당시 회사에서는 나에게 중요한 업무를 맡기려던 참이었다. 조직개편과 인사발령이 맞물려 있는 시기였고, 내게 팀장 보직을 제안하기도 했다. 만약 그때 팀장이 되면 입사 동기들 중 가장 빨리 팀장이 될 수도 있었다. 그럼에도 휴직해야겠다는 생각이 더욱 확고해졌다. 팀장이 되면 휴직은 고사하고 연차도 눈치 보면서 내야 하기 때문이다. 까딱하다가는 휴식도 없이 더 강도 높게 전력질주해야 할 판이었다.

'그러다 한 방에 훅 간다. 팀장 몇 년 늦게 되는 게 대수야?'라는 생각이 들었다. 나는 마음이 가는 대로 하기로 했다. 삶의 큰 사건을 겪었던 터라 팀장 자리보다 휴직을 선택하는 건 어려운 일이 아니었다.

휴직을 결정하고 상사분들께 말씀드렸더니 무슨 일이 있냐고 물으셨다. 동료들도 의아해 했다. 휴직하는 시점이 첫 책을 출간한 직후라 그런지 친한 사람들은 내게 '딴 생각'이 있는 건 아니냐고 물었다. 나는 웃으면서 그런 건 아니고, 6개월 후에 꼭 돌아오겠다고 답했다.

담당 상무님, 전무님, 부사장님이 호출해 무슨 일이 있냐고 물으셨다. 나는 조심스럽게, 그러면서도 당당하게 말했다.

"실은 마흔이 되면 휴직하겠다고 인생 계획을 세워 놓고 있었습니다. 단지 그걸 실행으로 옮기는 것뿐입니다. 다른 의도는 없습니다."

나는 상사 복이 있었다. 담당 상무님은 "자네 멋지군! 나도 늘 그런 생각을 했지만 실천으로 옮기진 못했는데. 의미 있는 시간 보내고 오게나"라고 말씀해주셨다. 전무님은 인생을 사진에 담듯 좋은 풍경 많이 담아 오라고 하셨다. 부사장님은 아쉬움을 표하면서도 흔쾌히 허락해 주셨고, 잊지 못할 추억을 만들라고 말씀하셨다.

휴직이 결정되자 날아갈 듯 기뻤다. 자유인이 된 기분이었다. '무엇부터 하지? 여행 먼저 갈까? 책을 한 권 더 쓸까? 잠이나 실컷 잘까?' 많은 즐거운 생각들이 앞서거니 뒤서거니 떠올랐다. 어영부영 시간을 보내고 싶지는 않았지만 구체적인 계획을 세우고 싶지도 않았다. 나는 마음이 원하는 대로 하기로 했다. 인생의 반이 남은 시점에 자유라는 가치를 실천한다고 생각하니 정말 자유인이 된 기분이었다.

그냥 쉬지 말고 계산하고 쉬라

요즘은 남자들도 육아휴직을 하는 시대다. 그런데도 휴직한다는 건 여간 큰마음을 내지 않으면 힘든 일이다.

'휴직하고 여행이라도 다니면서 쉬어 볼까?'

직장인이라면 이런 생각을 수도 없이 해 봤을 것이다. 그런데 그럴 때마다 '쉬는 동안 뭐 먹고살지? 돌아와서 적응은 할 수 있을까? 돌아온 후에 인사평가나 승진에 불이익을 당하면 어쩌지?' 하는 생각에 한숨이 먼저 나올 것이다.

휴직을 노는 것으로 생각하면 곤란하다. 나는 휴직을 2보 전진을 위한 1보 휴식으로 활용할 수 있어야 한다고 생각한다. 내 경험에 비춰 보면 휴직은 크게 두 가지 의미가 있다.

첫째, 나 자신을 성찰하는 시간을 갖는 것이다. 내가 원했던 삶의 방향, 꿈, 비전 등은 무엇이었는지, 지금 내가 어디에 서 있는지, 원하는 방향으로 가고 있는지 등을 돌아보는 기회가 되는 것이다.

둘째, 미래를 준비할 시간을 갖는 것이다. 5년 뒤, 10년 뒤에는 무엇을 할지, 그때 어떤 모습이 되길 바라는지, 그 모습이 되려면 지금부터 무엇을 준비해야 하는지 등에 대해 답을 찾아보는 시간이 된다.

우리는 회사를 위해서는 과거의 성공·실패 사례, 현재의 시장 상황을 분석하고, 미래의 목표 달성을 위한 전략을 수립하고, 그것을 실행하기 위해 열심히 일하면서도 정작 자신을 위해서는 그런 시간을 투자하지 않는다. 휴직은 우선순위에서 밀려나 있는 자신을 최우선순위로 돌려 놓을 기회가 된다.

삼국지에는 "흐름이 흐름인 줄 알려면 그 흐름에서 벗어나야 한다"는 말이 있다. 휴직이 그러한 의미를 담고 있다고 생각한다.

휴직 기간은 최소 6개월에서 1년 정도를 권한다. 그래야 뭔가를 계획하고 실행해 볼 수 있기 때문이다. 나는 6개월을 쉬면서 내가 계획했던 많은 일들을 해볼 수 있었는데 모자란 듯, 과분하지 않은 듯하다.

그런데 휴직을 내기 위해서는 신중하고 전략적인 접근이 필요하다. 우선 휴직해야 하는 이유를 생각해 봐야 한다. 나는 마흔이란 나이에 '2보 전진을 위한 1보 휴식'이라는 명확한 이유가 있었다. 그리고 경제적인 문제도 생각해 봐야 한다. 특히 책임져야 할 가정이 있다면 더욱 그렇다. 나 역시 무턱대고 휴직한 것이 아니라 6개월간 쓸 비용을 대략 계산해 보고 결정했다. 무엇보다 회사에 휴직 제도가 있었기에 감행할 수 있었다.

나를 더 넓어지게 하는 것들

휴직 기간 중 나는 여행을 가거나 약속이 있는 날을 제외하고는 집 근처 카페로 매일 출근하다시피 했다. 혼자 놀기에 익숙해지기 위해 오전 9시에 출근하고 저녁 6시에 퇴근했다. 카페를 서재 삼아 책도 읽고 강의 콘텐츠도 개발했다. 그리고 코칭, 리더십, 심리학, 전략 관련 다양한 교육을 수강했다.

휴직 기간 공부한 내용과 만들어 놓은 강의 콘텐츠는 나중에 책과 칼럼을 쓰는 데 요긴한 재료가 되었고, 지금도 유용하게 활용하고 있다.

사람들도 많이 만났다. 강의하면서 인연을 맺었던 사람들, 내 책을 읽고 연락해 온 독자들을 만나 세상사에 대해 논하는 시간을 가졌다.

강의 콘텐츠는 점차 확장되고, 부족한 강의 스킬도 차츰 늘었으며 처음으로 100명이 넘는 청중 앞에서 강의를 하기도 했다. 한 기업에서는 내 책을 직원 필독서로 선정하고, 전략 워크숍을 진행해 달라고 요청하기도 했다. 그 업계에 대해 잘 몰랐던 나는 매장을 찾아가 몇 시간 동안 머물면서 리더들을 인터뷰

하고 고객들을 관찰한 후 강의 콘텐츠를 구상했다. 노력은 보상받기 마련인지, 그렇게 준비한 전략 워크숍에 대한 호응도는 상당히 높았다.

그리고 그때 만든 콘텐츠를 확장해 '전략적 사고와 비즈니스 인사이트'라는 강의 프로그램을 개발했다. 그렇게 개발한 프로그램은 이후 다른 기업에서 1년 넘게 진행했고, 이를 토대로 '경영 리더 MBA' 프로그램을 개발해 진행하기도 했다. 이때 개발한 강의 콘텐츠는 지금도 유용하게 활용되고 있다.

이렇듯 나는 휴직을 통해 얻은 것이 참 많다. 그런데 휴직을 통해 얻은 가장 소중한 자산은 책도, 칼럼도, 강의 콘텐츠도, 강의 스킬도 아니었다. 내가 얻은 가장 소중한 자산은 아마도 삶의 순간순간 어떤 태도로 살아갈 것인가에 대한 성찰이 아닐까 싶다.

미국의 방송인 오프라 윈프리는 "당신의 삶을 찬양하고 축복할수록 당신은 정말 찬양하고 축복할 만한 삶을 살게 될 것이다"라고 말했다. 나는 우리의 삶은 찬양하고 축복할 만한 가치가 있다는 것, 행복은 발견하고 선택할 수 있다는 것, 그리고 지금 사는 이 순간에 충실하고, 이 순간을 즐기겠다는 깨달음을 얻은 것이었다.

행복은 스스로 선택하는 것이다. 비 오는 날, 짜증을 낼 수도 있지만 내리는 비를 보며 차분해진 마음을 즐길 수도 있다. 아이를 키우면서도 마찬가지다. 아이들을 키우는 게 힘들다는 생각이 들 때도 있지만 하늘이 주신 선물이라고 생각하며 기쁨으로 받아들일 수도 있다. 힘든 일이 생겼을 때 투덜댈 수도 있지만 성장의 발판으로 삼을 수도 있다. 무엇을 선택할지는 자신에게 달려 있다.

미국 캘리포니아대학의 소냐 류보머스키 교수는 "행복은 습관이며, 노력한 만큼 행복해진다"고 말했다. 그녀는 행복의 50퍼센트는 유전, 10퍼센트는 환경의 영향을 받지만 나머지 40퍼센트는 연습에 의해 만들어진다며, 행복은 만들어 가는 것이라고 정의했다.

회사에서, 가정에서, 그리고 인생을 살아가면서 우리는 순간순간 행복을 선택할 수 있다. 휴직 기간 나는 순간순간을 즐기고, 행복을 발견하고 선택하고자 노력했다. 책을 읽고 사람을 만나고 여행을 다니면서 말이다. 그리고 휴직 기간만큼은 위로 높아지는 것이 아니라 옆으로 넓어지기 위해 힘썼다.

책을 읽을 때 경제경영 분야를 집중적으로 읽으면서도 다양한 분야, 특히 인문학 분야의 책을 많이 읽었다. 박웅현의 《책은 도끼다》, 《여덟 단어》, 김탁환의 《쉐이크》, 곰브리치의 《서양 미술사》, 톨스토이의 《안나 카레니나》, 니코스 카잔차키스의 《그리스인 조르바》, 밀란 쿤데라의 《참을 수 없는 존재의 가벼움》, 에리히 프롬의 《사랑의 기술》, 최재천의 《통섭의 식탁》……. 이때 읽은 인문학 책은 나의 가치관을 더욱 강화시키고 풍요롭게 해줬을 뿐만 아니라 삶을 대하는 나의 태도와 행복관에도 많은 영향을 끼쳤다. 그중 《책은 도끼다》는 카르페디엠에 관해 나에게 많은 영향을 미쳤다.

광고홍보 전문가 박웅현 씨는 한 강의에서 '개처럼 살자'라는 제목으로 강의를 했다고 한다. 제목을 지은 이유가 재미있다. '개는 밥 먹을 때 어제의 공놀이를 후회하지 않고, 잠을 잘 때 내일의 꼬리치기를 미리 걱정하지 않는다'는 것이 제목에 대한 설명이다. '개처럼 살자'는 것은 지금 꼬리치면 꼬리를 치고, 밥을 먹으면 밥을 먹고, 잠을 자면 잠만 자야지, 잠을 자면서 좀 전에 꼬리치기하던 것을 생각하거나 밥 먹을 궁리를 하거나 하지 말라는 것이다.

그러고 보면 진정 개야말로 지금 이 순간을 살고 있고, 개처럼 살면 현재를 온전히 살 수 있을 것 같다는 생각이 든다. 그 후 잡생각이 들 때면 나는 "개처럼 살자"라는 말을 중얼거리곤 한다. 효과가 있다. 앙드레 지드가 쓴 《지상의 양식》에도 행복을 순간 속에서 찾으라는 주옥같은 문장들이 가득하다.

"저녁을 바라볼 때는 마치 하루가 거기서 죽어간다는 생각으로 바라보라. 그리고 아침을 바라볼 때는 마치 만물이 거기서 태어난다는 생각으로 바라보라. 그대의 눈에 비치는 것이 순간마다 새롭기를. 현자란 모든 것에 경탄하는 자이다."

휴직 기간에 처가에 가서 과수원 일을 도와드린 적이 있다. 평상시에는 빨리 복숭아를 따고 집으로 돌아가야겠다는 생각이 머릿속에 가득했다면 인문학 책을 읽은 후에는 복숭아를 따면서도 복숭아 자체에 집중하게 되고, 삶과 연계된 다양한 생각을 해 보기도 했다.

복숭아뿐만 아니라 모든 과일은 열매를 제때 따주는 것이 중요하다. 때를 놓치면 낙과하여 쓸모없게 되는데 이는 사람이나 복숭아나 마찬가지라는 생각이 들었다. 딴 복숭아를 바구니에 담을 때는 반만 채워야 한다. 욕심을 부려 바구니가 가득 차도록 담으면 복숭아가 서로 부딪치면서 상처가 나 상품성이 떨어진다. 과유불급인 것이다.

장모님은 햇살 가득한 여름 내내 열매를 잘 맺지 못한 복숭아를 보시곤 “너는 언제 인간될래?”라고 말씀하셨다. 모든 조건이 받쳐 줘도 삐딱선을 타는 인간은 늘 있게 마련인 우리네 모습과 비슷하다. 한 가지에 나더라도 튼실하게 잘 익은 복숭아가 있고 그렇지 않은 복숭아가 있는데 그건 자식 농사와도 비슷하다. 이렇게 복숭아 하나에만 집중하더라도 많은 생각을 할 수 있고, 잃어버린 감성을 되찾을 수 있다.

휴식,
신발 끈을 졸라매는 시간

휴직 기간에 나는 친한 친구와 단둘이서 마흔 살을 기념해 베트남 다낭으로 여행을 떠났다. 우리는 그곳에서 정말 멋진 시간을 보냈다. 열대 과일과 시원한 맥주, 와인 그리고 현지의 음식을 즐기고, 종일 에메랄드빛 바다에서 수영을 하고 반짝이는 해변에서 일광욕을 즐겼다. 시원한 나무 그늘에서 칵테일을 즐기며 각자 가져온 책을 읽고, 책에 나오는 주제를 가지고 격렬하게 토론하기도 했다. 인생에 대한 이런저런 이야기, 또 각자의 개똥철학을 풀어놓기도 했다. 우리는 이렇게 여행을 할 수 있다는 것에 대해 축하하고 기뻐했다.

다낭 시내를 돌아다니면서 다양한 문화를 경험하기도 했고 허름한 식당에 들어가 쌀국수를 시켜 놓고 그곳 사람들과 웃고 떠들며 시간을 보내기도 했다. 우리는 근사한 스테이크 하우스에도 갔다. 다낭의 한강 야경을 바라보며 마흔의 남자 둘이 와인을 곁들여 먹는 스테이크도 괜찮았다. 마트에서 알로에 줄기를 사와 얇게 썰어 자기 전에 얼굴 마사지를 하기도 했다. 하루는 바닷가에 정박되어 있는 요트 위에 올라가 각종 포즈를 취하며 사진을 찍고 수도 없이 다이빙을 하며 놀았다. 마치 어린 아이들처럼.

5박 6일간의 그 여행을 통해 친구와 나의 관계는 더욱 돈독해졌고, 우리는 더 깊은 우정을 쌓을 수 있었다. 그리고 5년 뒤 우리는 다시 코타키나발루로 여행을 다녀왔다. 이름하여 '제임스와 피터의 인생 여행'. 처음 여행을 다녀온 후 이런 여행을 자주 가기로 약속했지만 바쁘게 살다 보니 5년 만에 다시 갈 수 있었다. 한편으로 가족에게 미안하기도 했지만 친구와 우정을 쌓는 것 역시 내 삶에서는 중요한 요소다. 자유롭게 살아가겠다고 다짐했던 내게 친구와의 여행은 그것을 실천하는 방법의 하나며, 이런 실천을 통해 나는 에너지 탱크를 다시 채워 가고 있다.

휴식이 낭비라고 생각하면 사람들에게 한 방송인은 이렇게 말했다.

"사자가 밀림에서 가장 강한 동물인 이유는 거대한 물소를 사냥할 수 있어서가 아니라 적들이 있는 가운데서도 배를 까뒤집고 몇 시간을 잘 수 있기 때문입니다. 우리는 강자가 되기 위해 늘 자신을 몰아붙이는 것이 아니라 자기에게 충분히 휴식을 줄 수 있는 시간, 그 휴식을 주는 시간을 조급해 하지 않는 마음이 필요합니다."

추천컨대 직장 생활을 하면서 꼭 한 번은 휴직해 보길 바란다. 1보 후퇴가 아닌, 2보 전진하는 기쁨을 맛보게 될 것이다.

나폴레옹은 "우리가 어느 날 마주칠 불행은 과거에 우리가 소홀히 보낸 시간의 보복이다"라고 말했다. 돌아보면 정말 그렇다. 내가 소홀히 보냈던 시간이 5년 후, 10년 후의 나에게로 그대로 돌아온다.

나는 6개월간의 휴직을 더 멀리 달리기 위해 신발 끈을 졸라매는 시간으로 활용했고, 2보 전진을 할 수 있었다. 그래서 후회가 없다.

일찌감치
고독을 연습하라

인간은 원래 외로운 존재라고들 하지만 현대인들은 그 외로움을 더 많이 느끼는 듯하다. 실제로 인간관계는 복잡해지고 SNS상에서도 많은 사람과 친구를 맺지만 그럴수록 외롭다고 느끼는 경우도 많다.

특히 우리 인생은 후반으로 갈수록 외로워진다. 퇴직 후에는 더욱 그렇다. 퇴직 후 홀로서기를 하기 위해 고군분투하기 때문에 외로움을 느끼기도 하지만 혼자 놀아야 하는 시간이 많아진다. 따라서 되도록 일찌감치 '고독 연습'을 하는 게 좋다. 나이가 들고 퇴직하면 외로움을 느끼게 되는데 혼자 놀기까지 해야 한다는 사실이 주는 충격은 생각보다 크기 때문이다.

이러한 고독의 시간이 처음엔 낯설고 힘들겠지만 이를 겸허히 받아들이고, 그 시간을 통해 참된 자아와 마주할 수 있어야 한다.

퇴직하기 전부터 혼자 놀기를 통해 자기를 들여다본 사람들은 자신의 정체성을 모색하기 마련이다. 그리고 외로움 때문에 흔들리거나 힘든 시간이 점점 줄어들게 된다. 나는 휴직 기간을 거치면서 짧게라도 이런 경험을 해 봤다.

변화경영전문가 구본형 소장도 혼자 놀기의 귀재였다. 그는 "우울이 찾아오면 우울과 놀고, 권태가 찾아오면 권태와 논다"고 말했다. 1인 기업의 대표주자였던 그의 성공 역시 혼자 놀기를 받아들이고 즐겼기에 가능하지 않았을까!

고통스러운 외로움인가, 즐거운 외로움인가

영어로 '외로움'을 뜻하는 단어인 loneliness와 solitude는 사전적 의미는 비슷해 보이지만 loneliness는 혼자 있는 '고통'을, solitude는 혼자 있는 '즐거움'을 표현하는 말이라고 한다.

어원을 살펴보면 alone(혼자, 외로운)에서 접두어인 a가 떨어져 나간 lone은 '의지와는 상관없이 홀로 남겨짐'을 의미한다. 반면 solitude는 solesole(혼자의)과 tude(상태)의 합성어로 '개인의 의지에 따라 혼자 있는 상태'를 의미한다. 주체성을 띠는 셈이다. 따라서 전자가 정서적·감정적 상실감을 표현한다면, 후자는 자신의 내면을 성찰하는 홀로인 시간을 의미한다.

또한 loneliness는 우리가 '외로움'하면 흔히 떠올리는 '쓸쓸함'을 의미한다고 한다. 이 외로움은 아노미anomie, 즉 가치관이 붕괴되고 목적의식이나 이상이 상실됨에 따라 나타나는 불안정한 상태에서 비롯된다. 그에 반해 solitude는 발전과 자숙을 위한 마음의 안정을 의미한다. 자신의 능동적 자세와 열정으로 '하고 싶은 것'을 향해 나아가는 단계에서 일어나는 감정이다. 그렇다면 우리는 어디에 주목해야 할까? 바로 즐거운 외로움, solitude다.

서울의대 정도언 명예교수는 《프로이트의 의자》에서 다음과 같이 말했다. "현명한 사람들은 '고독'과 '외로움'을 구분해 말합니다. 고독이란 '혼자 있는 즐거움'이고 외로움은 '혼자 있는 고통'이라고 합니다. 외로움은 덜어내야 좋은 감정이지만 고독은 추구해야 할 이상일지도 모릅니다. 고독은 사람을 강하게 만듭니다. 그러나 대가는 치러야 합니다. '혼자 있을 수 있는 능력'이 없으면 정말 힘듭니다. 그러기 위해서는 '내 안의 부모'가 아주 강해야 합니다. 남에게 매이지 않으면서 편안하기는 쉽지 않습니다."

니체는 《차라투스트라는 이렇게 말했다》에서 "너의 고독 속으로 달아나라! 위대한 일은 한결같이 시장터와 명성과는 멀리 떨어진 곳에서 이루어진다"라고 말했다. 니체가 쓴 불멸의 철학서 《차라투스트라는 이렇게 말했다》는 실제로 니체가 교수직을 버리고 홀로 들어간 스위스 산속에서 완성되었다. 빈센트 반 고흐 역시 평생을 고독 속에서 살면서 900여 점의 명화를 남겼다.

부처의 말씀을 담은 초기 경전 《숫타니파타》에는 '무소의 뿔처럼 혼자서 가라'라는 말이 반복해서 나온다. 이 말은 인간은 결국 혼자일 수밖에 없다는 것, 그러나 그 혼자인 자신이 다른 무엇보다 소중하므로 외로운 뿔로 홀로 일어나 고독 속에 살라는 의미다.

나의 외로웠던 30대,
고독을 즐기는 40대

내 나이 30대엔 외로움을 자주 탔다. 사람이 그리워서라기보다는 마음 한편에 항상 무언가 허전함이 있어서였다. 그런데 그땐 그 허전함의 실체를 정확히 알지 못했다. 그리고 내면이 공허하니까 사람들을 만나는 데 시간을 보내면서 자꾸 외부로부터 무언가를 채우려고 했다.

하지만 40대가 되어 주체성을 가진 고독solitude에 익숙해지고 나니 그 정체가 무엇인지 알 것 같다. 문제는 삶의 방향성이었다. 어떤 삶을 살아갈지, 삶의 방향에 대해 알지 못했고, 또 원하는 삶이 무엇인지, 그리고 그것을 어떻게 실현해 나가야 할지 잘 모른다는 것이었다.

하지만 자기 계발 과정을 통해 나 자신의 내면을 성찰하는 시간을 가지면서, 스스로 가슴 뛰는 비전을 제시하고 발가벗은 힘이 길러지면서 고민은 상당 부분 해소되었고 허전함은 사라졌으며, 이제는 고독을 즐기는 경지에 이르게 되었다.

《프로이트의 의자》에서 언급한 "'혼자 있을 수 있는 능력'이 없으면 정말 힘듭니다"라는 말은 "'발가벗은 힘'이 없으면 정말 힘듭니다"라는 말로 대체할 수 있을 것이다. 고독을 즐기고 혼자 있을 수 있는 능력과 발가벗은 힘을 기르는 시간은 자기 자신을 응시할 용기와 내공을 축적하는 시간이다. 또한 내면의 소리에 귀 기울이는 시간이다. 내가 6개월의 휴직 기간을 가진 것도 그런 의미가 담겨 있었다.

직장 생활 초년기를 돌아보면 허전함을 달래고자 피곤한 삶을 살았다. 주변 상황에 이리저리 끌려다니며 많은 시간과 에너지를 낭비했다. 평일 저녁에는 물론 주말에도 이런저런 약속을 잡았다. 웬만한 모임에는 반드시 참석했고, 내가 주도하는 모임도 많았다. 다양한 사람들을 만나는 것을 인생의 큰 자산같이 여겼다.

그러다 보니 술 마실 기회도 많았고, 몸은 자연스레 망가졌다. 삶은 복잡다단했고, 챙겨야 할 것은 너무 많았다. 그러다 인생의 큰 사건을 겪으면서 깨달았다. 진정한 자산은 나 자신을 마주하는 시간 속에서 찾아지고 쌓인다는 걸. 술잔을 부딪치며 밤늦게까지 세상사와 우정을 논하던 그 많은 사람은 어디에서 무엇을 하고 있는지……. 돌이켜보니 웃음이 나온다.

물론 지금까지 소중한 인연을 이어 오고 있는 사람들도 있다. 하지만 돌아보면 부질없는 일에 많은 시간과 에너지를 쏟았던 것 같다. 그러다 30대 후반에 관계의 양보다 질이 중요하고, 남보다 나 그리고 내 가족이 더 중요하다는 사실을 깨달은 건 무척 다행이다.

《중앙일보》에 '지극정성 인맥 관리했지만 결국 남남. 남는 건 가족'이라는 제목의 기사가 실린 적이 있다. 지극정성으로 인맥을 관리했지만 대부분 소주 한잔 기울이기 힘든 남남으로 변했고 남은 건 가족뿐이라는 내용인데, 한창때 학연學緣·업연業緣을 가꾸느라 가족을 등한시하다가 은퇴 후에야 그 노력이 덧없었음을 깨달은 사람들 이야기였다. 내가 15년간 몸담았던 회사를 떠났을 때도 마찬가지였다. 핸드폰에 저장된 전화번호는 수백 개였지만 기억에 남는 사람, 연락하는 사람은 소수에 불과하다. 우리 사회에선 실력도 중요하지만 인맥 관리도 중요하다. 하지만 목적 중심으로 형성된 관계는 유통기한이 정해져 있기 마련이다. 목적이 사라지면 관계도 희미해지고, 그걸 깨닫는 순간 허탈감이 생긴다.

SNS가 주는 '인맥 착시효과'도 피로를 가중한다. 온종일 사람들과 연결된 것 같은 'SNS 인지 왜곡'이 생기기 때문이다. 하지만 SNS상에서 관계를 맺는 사람 역시 목적에 의해 쉽게 관계를 맺고 끊는다.

지금 나의 일상은 전에 비해 아주 심플해졌다. 질적인 만남을 추구하고, 나 자신을 마주하는 시간을 더 늘려 가고 있기 때문이다. 이제 홀로 서재나 카페에 앉아 책을 읽고 글을 쓰며 강의 자료를 만드는 시간은 나에게 혼자 있는 즐거움을 만끽할 수 있는 시간이다. 호모 루덴스homo ludens는 '즐기는 인간' '유희적인 인간'을 뜻한다, 고독을 즐기고 심플한 삶을 즐기는 나는 호모 루덴스다.

삶이 심플해지면 행복해진다. 자신이 원하는 것에 더 많은 열정과 에너지를 쏟을 수 있다. 이런 습관은 우리를 독립적이고 자유로운 존재에 가까워지도록 한다. 자유도가 높아지는 것이다.

쇼펜하우어는 "우리의 모든 불행은 혼자 있을 수 없는 데서 생긴다"라고 말하며, 행복을 위해서는 마음의 평정을 찾는 게 가장 중요하다고 말했다. 그리고 마음의 동요를 줄일 수 있는 확실한 방법은 불필요한 교제를 줄이는 것이라고 했다. 불필요한 교제를 줄이고, 나 자신을 마주하며 자신에게 더 많은 열정과 에너지를 쏟으라는 말이다.

만일 지금 외롭다고 느낀다면 생각해 보자. 그 외로움이 loneliness에 속하는지, solitude에 속하는지. 만일 loneliness에 빠져 있다면 자신을 마주하는 시간을 늘림으로써 그 외로움을 solitude로 바꿔 나가자. 외로움을 고독으로 승화시키는 방법은 일찍 터득할수록 좋다.

나에게 던져야 할 질문들

나의 삶은 위로 높아지는 데 집중하고 있는가,
아니면 삶의 깊이를 더하며 옆으로도 넓어지고 있는가?

5년 뒤, 10년 뒤의 나는 무엇을 하고 있을까?
그때 나는 어떤 상태이길 바라는가?
그러려면 지금부터 무엇을 준비해야 할까?

휴직한다면, 그때 무엇을 하고 싶은가?

나의 일상은 심플한가? 혼자만의 시간을 얼마나 즐기고 있는가?

지금 외롭다면, 그 외로움은 loneliness인가, solitude인가?

5

덕업일치

좋아하는 일이 밥 먹여 주는 시대

“

나는 **덕업일치**하며

살고 있는가?

”

좋아하는 일이 밥 먹여 주는 시대

'나는 덕업일치하며 살고 있는가?'

자신이 원하는 일을 하면서 행복하게 사는 비결이 이 질문에 있다.

덕업일치란 '덕질'과 직업이 일치한다는 의미로, 자신이 좋아하는 일을 직업으로 삼은 경우를 말한다. 한 분야에 깊이 심취한 사람을 뜻하는 일본어 '오타쿠'를 한국식으로 발음하여 만든 신조어가 '오덕후'인데, 이 말을 줄여 '덕후'라고 한다. 그리고 이렇게 덕후로서의 삶을 실천하는 것을 '덕질'이라고 한다.

즉 '덕질'은 특정 분야에 지나치게 집중하거나 집착하는 행위를 말한다.

"○○이 밥 먹여 주냐?"라는 말을 흔히 하는데 내가 좋아하는 ○○이 밥 먹고 살 수 있게 해주면 그게 바로 '덕업일치되는 삶'이다.

드라마와 배우를 좋아하다가 연예부 기자가 된 사례, 화장품을 너무 좋아해서 화장품 관련 애플리케이션을 개발한 사례, 나이키 조던 운동화 덕후로서 '조던 복원 전문가'가 된 사례, 건담을 좋아해 '건담 전도사'이자 유튜버로 활동하고 있는 사례 등이다.

나 역시 내가 하고픈 일을 하면서 덕업일치하는 삶을 살고 있다. 나는 코치라는 나의 직업을 천직天職이라고 생각한다. 그리고 '대한민국 올해의 코치상'을 받으면서 다음과 같이 소감을 말했었다.

"안녕하세요. 이재형입니다. 전문 코치의 길을 걷겠다는 굳은 각오로 회사를 떠난 지 4년이 넘은 시점에서 이렇게 영광스러운 상을 주셔서 감사합니다. 코치라는 직업은 저에게 가슴 뛰는 천직이라고 생각합니다. (중략) 앞으로 '코칭과 교육으로 사람, 기업, 세상의 본질적 성장과 변화를 돕는다'는 우리 회사의 미션을 실현하고, 대한민국 비즈니스 코칭 발전을 위해 더욱 노력하겠습니다. 감사합니다."

그렇다면 덕업일치가 왜 중요할까? 덕업일치는 서두에서 던진 질문 '내 삶을 이끄는 동력, 즉 엔진은 무엇인가? 무엇이 그 엔진을 계속해서 힘차게 펌프질하는가?'에 대한 답이기 때문이다.

다음 질문에 대한 당신의 답변은 무엇인가?

나는 어떤 일을 할 때 가슴이 뛰는가?
무엇이 나의 심장을 뛰게 만드는가?
나는 언제 살아있음을 느끼는가?
나의 천직은 무엇인가?
나는 지금, 어디에 서 있는가?
잊고 있던 꿈이 있다면 무엇인가?

나는 글 쓰고, 코칭하고, 강의하는 시간이 참 좋다. 나의 가슴과 심장을 뛰게 만들고, 내가 살아있음을 느낀다. 그래서 지금 나의 직업은 나의 천직이라고 자신 있게 말할 수 있다. 이렇게 나의 가슴과 심장이 뛰는 일, 살아있음을 느끼게 하는 일을 하면서 덕업일치하는 삶을 살면 동기부여가 될 수밖에 없다.

덕업일치하는 삶에 대한 욕구가 강해지면서 사람들의 가치관도 바뀌고 있다. 본인이 즐기면서 평생 할 수 있는 일을 직업으로 삼으면 그것이 곧 행복한 삶이라는 것을 깨닫고 자녀만큼은 행복한 삶을 살게끔 길을 터주는 부모도 늘고 있다고 한다. 그리고 좋아하는 일을 하면서 돈도 잘 번다면 그보다 행복한 삶은 없을 것이다.

직장 생활과 '덕질' 사이의 균형을 유지하라

덕업일치를 한 사람들은 대다수가 덕후로서의 기질을 가지고 있다. 모두가 덕후의 경지까지 오를 필요는 없지만 이들에게 배울 점이 있다. 평상시에 꾸준히 '덕질'을 했고, 직장에 다니면서도 '덕질'을 소홀히 하지 않았다는 점이다. 본업이 있으나 '덕질'을 소홀히 하지 않았고, '덕질'을 좇으면서도 거기에 지나치게 집착하지 않음으로써 오히려 성공한 덕후의 표본이 된 것이다.

나 역시 회사에 다니며 '덕질'을 소홀히 하지 않았다. 꾸준히 글과 칼럼을 쓰고, 나만의 콘텐츠를 만들면서 회사 밖의 세상과 소통했다. 그렇게 회사 일은 회사 일대로 하면서 미래에 하고픈 일을 꾸준히 준비한 결과, 퇴사 후 원하는 일을 하면서 살 수 있게 되었다. 현재 나는 기업의 CEO, 임원, 리더들을 대상으로 코칭과 강의를 하고 있다. 글 쓰고, 코칭하고, 강의하는 일을 평생 업으로 삼으며 '덕업일치'하는 삶을 살고 싶었는데, 퇴사 후 이를 실현하게 되었다.

직장에 다니면서도 '덕질'을 잘 관리하면 '덕업일치'의 기회를 만들 수 있다. 또한 퇴직 후 제2의 인생으로 연착륙할 수 있게 된다.

내가 다녔던 회사는 안정적인 직장이었다. 하지만 중장기적으로 덕업일치를 할 수 있거나 가슴 뛰는 일을 할 수 있는 곳은 아니었다. 내게 '회사 생활을 젖은 낙엽처럼 하라'고 조언하는 선배들도 있었다. 일을 너무 잘해도 정 맞을 수 있으니 크게 눈에 띄지도 말고, 회사에서 벌어지는 어떤 일에도 실망하지 말며, 가만히 숨만 쉬면서 정년까지 조용히, 젖은 낙엽처럼 땅에 딱 붙어서 살라는 뜻에서 한 말이었다. 하지만 나는 그렇게 살고 싶지 않았다. 내가 원하는 삶을 살고 싶었다. 그게 내가 회사를 떠난 이유이기도 하다.

마크 트웨인의 글 중에 이런 내 마음을 잘 대변하는 글이 있다.

“20년 뒤 당신은 했던 일보다 하지 않았던 일 때문에 더 실망할 것이다. 그러니 밧줄을 풀고 안전한 항구를 떠나라. 탐험하라, 꿈꾸라, 발견하라!”

그런데 덕업일치가 되면 마냥 행복할 것 같지만 사실 꿈과 현실의 차이를 극복해야 하는 어려움도 있다. 좋아하는 일이 해야만 하는 일이 되고, 또 생계 수단이 되면 스트레스가 동반될 수도 있기 때문이다. 그래서 덕업일치를 하면서 이상과 현실 사이에서 균형을 잘 유지해야 한다. 또한 직장인은 본업과 ‘덕질’ 사이에서 균형을 잘 유지할 수 있어야 한다. 주객전도主客顚倒가 되지 않도록 말이다.

전문가로 살아가는 첫걸음, 프로샐러던트

샐러던트saladent라는 단어를 들어보았는가? 사실 이 단어는 눈물겨운 단어다. 월급쟁이 직장인을 뜻하는 'salaryman'과 학생을 뜻하는 'student'가 합성된 말로, 직장에 몸담고 있으면서도 경쟁에서 살아남기 위해 새로운 분야를 공부하거나 현재 자신의 업무에 대한 전문성을 높이기 위해 지속해서 공부하는 직장인을 가리키기 때문이다. 힘들게 공부해 대학, 대학원까지 나와 취업 후 직장을 다니면서도 끊임없이 공부해야 한다니 정말 눈물겹지 않은가! 하지만 현시대를 살아가는 우리 직장인들은 일하며 공부하는 샐러던트의 삶에 익숙해져야 한다. 또 일하며 제2의 인생을 준비하는 삶에 익숙해져야 한다. 워라밸에 이어 '스라밸study-life balance'이란 말까지 등장한 걸 보면, 어쩌면 샐러던트의 삶은 직장인들의 운명이자 숙명일지 모른다. 나 역시 회사에 재직하는 동안 MBA를 공부했고, 박사과정을 시작했다.

나는 직장을 다닐 때 나 자신을 '프로샐러던트pro-saladent'라고 칭했다. 프로샐러던트란 'professional'과 'saladent'의 합성어로, 나는 '꾸준한 자기 계발을 통해 특정 분야에서 전문가 반열에 올라서고, 전문가로 활동하며 가외 수입을 창출하는 직장인'이라고 정의한다. 프로샐러던트로서의 삶은 일하며 자기 계발하며 전문가로 활동하는 숙명을 즐기고, 일과 개인적인 삶의 균형을 추구하는 삶이다.

"열심히 하는 사람은 똑똑한 사람을 못 따라가고, 똑똑한 사람은 즐기는 사람을 못 따라간다"는 말이 있다. 즐기는 경지에 오르게 되면 야생에서 생존할 수 있는 발가벗은 힘이 자연스럽게 키워지게 된다.

또 한 가지 중요한 것은 자기 계발만 계속하다가는 쉽게 지친다는 것이다. 자기 계발에 들이는 노력이 자신의 재능을 찾아가는 길이고 자아의 성장과 자아실현으로 연결될 때, 그리고 전문성을 강화해 가외 수입 창출에도 도움이 되고, '덕업일치'와 제2의 인생을 준비하는 데도 직접적인 연관성이 있을 때 신이 나서 계속할 수 있다. 내 경우가 바로 그랬다.

나는 '아모르파티amor fati'라는 말을 좋아한다. '운명을 사랑하라'라는 의미의 라틴어로, 프리드리히 니체의 운명관이기도 하다. '운명애運命愛'라고도 하는 이 말은 인간이 가져야 할 삶의 태도를 말한다.

니체는 삶이 만족스럽지 않거나 힘들더라도 자신의 운명을 받아들여야 한다고 말했다. 그러나 그가 말하는 '운명을 받아들인다'는 것이 자신에게 주어지는 고난과 어려움 등에 굴복하거나 체념하는 수동적인 태도를 의미하는 것은 아니다. 니체가 말하는 아모르파티는 삶에서 일어나는 고난과 어려움까지도 받아들이는 적극적인 태도를 의미한다. 즉, 부정적인 것을 긍정적인 것으로 가치전환해 삶을 긍정하고, 그에 대해 책임지는 것이다.

따라서 샐러던트나 프로샐러던트의 운명을 받아들이고 사랑하게 되면 일하며 공부하며 전문가로 활동하는 덕업일치의 삶을 즐길 수 있게 된다. 그리고 즐기는 경지에 오르면 삶 자체가 즐겁고 풍요로워지며 발가벗은 힘도 자연스럽게 키울 수 있게 된다.

프로샐러던트,
프리에이전트 시대가 도래했다

덕업일치를 위해 나는 일찌감치 프로샐러던트의 길을 택했다. 여러 측면을 고려했을 때 퇴직 후 코치, 강사, 작가, 칼럼니스트 등 전문가로 활동하는 삶이 행복과 투자수익률 면에서 훨씬 낫다고 생각했다. 처음 몇 년간은 스노우볼을 만들고 굴리기 위해 노력해야 하지만 은퇴자들의 3대 무덤이라고 불리는 빵집, 커피숍, 치킨집을 창업할 때보다는 초기 투자비도 적게 들고, 투자수익률은 훨씬 높기 때문이다. 뼈 빠지게 일하고도 부부의 인건비가 나오면 그나마 다행인 창업 업종도 있다. 그에 비해 전문가는 시간당 몇십만 원에서 몇백만 원까지 받을 수 있다. 이익률이 10퍼센트인 사업체를 운영한다고 가정하면 매출 10억 원을 달성해야 1억 원이 남는다. 그런데 매출 10억 원을 달성하는 게 쉬울까? 반면 전문가로서 시장에서 가치를 인정받으면 1억 원의 연봉을 버는 것은 그리 어려운 일이 아니다.

전문가는 큰 비용도 들지 않는다. 노트북 한 대, 교통비, 식사비 정도만 있어도 충분히 활동할 수 있다.

프로샐러던트를 거쳐 야생에서도 통하는 전문가가 되기 위해서는 직장인이라는 '본업'과 '덕질' 사이에서 균형을 유지해야 한다. 본업에 집중하되 평소에 미래에 대해 고민하고, 필요한 역량을 쌓으면서 회사 밖과도 꾸준히 교류하면서 살아야 한다.

미래학자 다니엘 핑크는 자신이 쓴 《프리에이전트의 시대》라는 책에서 20세기는 샐리러맨으로 대표되는 조직인간이 경제의 주체였다면 21세기는 '프리에이전트의 시대'라고 강조했다. 프리에이전트는 주로 몸값 비싼 스포츠계의 자유계약선수들을 지칭할 때 사용하는 말이었지만 이제는 거대 조직체의 굴레로부터 벗어나 자유롭게 자신의 미래를 스스로 책임지는 독립 노동자 전체를 아우르는 용어로 사용되고 있다. '원하는 시간에, 원하는 장소에서, 원하는 만큼, 원하는 조건으로, 원하는 사람을 위해 일하는 사람'을 프리에이전트라고 한다. 프리랜서뿐 아니라 임시직과 소규모 자영업자를 포괄하는 개념이다. 실제로 최근 프리에이전트들이 급증하고 있고, 프리랜서의 증가율은 정규직의 증가율보다 훨씬 높다. 특히 젊은 세대의 프리랜서 비율이 높다.

프리랜서에 대한 인식도 개선되고 있다. 프리랜서 10명 중 9명은 프리랜서 산업의 미래를 긍정적으로 보는 것으로 나타났고, 51퍼센트는 연봉이 아무리 높아지더라도 전통적 개념의 직장으로 돌아갈 생각이 없다고 한다. 우리 회사도 재택근무를 기본으로 하면서 임직원 모두 프리랜서처럼 일하고 있다. 그리고 그 생활에 적응이 되어, 이제 매일 출근하는 회사에서는 일하기 어려울 것 같다고 말하고 있다.

나의 지인은 프리랜서 강사와 유튜버로 활동하는데 매년 겨울이 되면 국내 및 해외에서 가족과 한 달 살기를 한다. 해외에서도 비대면으로 강의하고, 영상을 만들어서 유튜브에 올리고 있다.

이렇게 자신만의 차별화된 콘텐츠를 생산해 유튜브를 통해 전 세계에 공유함으로써 억만장자 대열에 합류한 프리랜서들도 있다. 미국 연예 잡지 《버라이어티》에 따르면 미국 10대에게 인기 있는 인물 상위 10위 중 여덟 명이 유튜브 스타라고 한다. 국내에서도 1인 인터넷 방송, 요리나 먹방, 게임 등의 콘텐츠로 자기 장기나 취미를 공유하고 돈을 버는 프리랜서들이 증가하고 있다.

물론 모든 사람이 이렇게 성공하는 것은 아니다. 그렇다면 프리에이전트로 성공하기 위해서는 어떻게 해야 할까?

첫째, 평상시에 취미를 갖거나 '덕질'을 해야 한다. 자신이 좋아하고 잘하는 것이면서 세상에서 수요가 있다면 더욱 좋다. 취미나 '덕질'이 일로 연결되면 그 열정은 소비자, 청중에게 고스란히 전달된다. 그 열정을 읽은 소비자, 청중은 팬이 될 수밖에 없다.

둘째, 크리에이터creator가 되어야 한다. 자신만의 콘텐츠를 꾸준히 생산하고 강화해야 한다. 섣불리 뛰어들기보다는 차별화된 '킬러 콘텐츠'를 준비해 체계적으로 접근하는 전략이 필요하다.

셋째, 꾸준히 자신을 홍보해야 한다. 차별화된 콘텐츠가 있다고 모두 성공하는 것은 아니다. 세상이 알아볼 수 있도록 꾸준히 자신을 알려야 한다. 효과적인 홍보에 도움이 될 SNS 채널은 요즘 같은 스마트 시대에는 차고 넘칠 만큼 많다. 이를 잘 활용하는 것이 중요하다.

나 역시 퇴사 후 코칭 전문가로 나를 세상에 알리기 위해 꾸준히 SNS에 글을 올렸다. '가랑비에 옷 젖듯' 코칭과 강의 후기를 꾸준히 올린 결과, 점차 업계에서 나를 인식하게 되었다.

법인회사를 설립했을 때도 가장 먼저 영업담당자와 함께 마케터를 고용하여 블로그, 유튜브 활동을 꾸준히 진행했다. 그 결과, 지금은 기업 교육과 코칭 관련 키워드를 검색하면 우리 회사가 상단에 노출되며, 고객들로부터 인바운드inbound(고객으로부터 직접 연락이 온 문의 요청에 응대 및 상담하는 것)가 점점 많이 들어오고 있다.

세상이 나를 알아주길 바라는가? 노력 없이 되는 건 없다.

나에게 던져야 할 질문들

나는 어떤 일을 할 때 가슴이 뛰는가?

무엇이 나의 심장을 뛰게 만드는가?

나는 언제 살아있음을 느끼는가?

나의 천직은 무엇인가?

나는 지금, 어디에 서 있는가?

잊고 있던 꿈이 있다면 무엇인가?

나에겐 어떤 덕질이 있는가?

나는 좋아하고 잘하는 일을 업으로 삼고 있는가?

덕업일치를 한다면 어떤 직업을 선택하고 싶은가?

나는 본업과 덕질 사이에서 균형을 유지하고 있는가?

프리에이전트를 꿈꾸고 있다면, 어떤 노력을 하고 있는가?

6

나답게 살기

가장 깊게, 가장 자주 만나야 할 사람은 바로 나!

'지금, 여기'를 사는 것으로 삶은 완성된다

"

나답게 산다는 것은 무슨 의미일까?

나는 지금 나답게 살고 있는가?

내가 조각해야 할

가장 간결한 나는 어떤 모습인가?

"

가장 깊게, 가장 자주 만나야 할 사람은 바로 나!

2015년, 세계적으로 유명한 자기 계발 전문가 브라이언 트레이시가 한국에 방문한 적이 있다. 그는 내한 강연에서 이렇게 말했다.

> 저는 어제 아침에 LA에서 서울행 비행기를 탔습니다. 비행기가 LA공항을 이륙하자 조종사가 안내 방송을 했습니다.
>
> "손님 여러분, 이 비행기는 12시간 37분 후 인천공항에 착륙할 예정입니다."

12시간 37분 만에 간다는 겁니다.

비행기를 좀 아시는 분이라면 비행기는 운항 시간 중 99퍼센트의 시간 동안 정해진 궤도에 있지 않다는 사실을 아실 겁니다. 모든 비행기가 다 99퍼센트의 시간 동안에는 궤도에서 벗어나 있습니다. 그렇기 때문에 조종사들은 계속해서 비행기를 정상 궤도로 되돌아오도록 조종합니다. 바람이 비행기를 움직일 수도 있고, 기류나 구름 때문에 위, 아래로 왔다 갔다 하다 보면 99퍼센트의 시간 동안에는 정확한 궤도를 벗어나게 됩니다.

하지만 실제 비행기가 언제 인천공항에 도착했는지 아십니까? 얼마나 걸렸을까요? 12시간 37분 만입니다.

인천공항 도착 시간은 LA공항을 이륙할 때 안내했던 도착 시간과 정확하게 일치했습니다. 대부분의 시간 동안 궤도를 벗어나 날아왔는데도 말입니다.

여러분이 미래에 대한 분명한 비전이 있고 완벽한 미래에 대해 분명하게 그리고 있다 하더라도 여러분도 99퍼센트는 궤도에서 벗어나 있을 겁니다. 실수도 하고, 다양한 시도도 하고, 여러 교훈을 배우고, 일시적인 장애물도 만나고, 어려움도 겪고, 경험하는 모든 것으로부터 배우면서 궤도 밖으로 나갔다가 안으로, 다시 밖으로, 다시 안으로 왔다 갔다 하지만 딱 적당한 시기에 목표를 달성하게 될 것입니다.

여러분이 방향만 분명히 알고 있다면 여러분이 목표로 하는 공항에 여러분이 처음 생각했던 대로 도달할 수 있을 것입니다.

당신의 성장 그래프는 어디로 향하고 있는가?

30대에 나는 외로움을 자주 탔는데, 삶의 방향성에 대한 고민 때문이었다. 내가 원하는 삶의 방향을 알지 못했고, 어떻게 살고 싶은지도 알지 못했다. 설령 그것을 안다고 하더라도 어떻게 실현해야 하는지도 몰랐다. 내 삶이 늘 궤도 밖에 있다는 생각에 마음이 편치 않았다. 하지만 자기 계발 과정을 통해 내면을 성찰하는 시간을 가지면서 삶의 방향성은 명확해졌으며, 스스로 가슴 뛰는 비전을 찾을 수 있었다. 그러면서 허전한 마음은 점점 사라져 갔고, 고독을 즐길 수 있게 되었다.

사실 직장 생활을 하면서 삶의 방향에 대해 논하고 답을 찾는데 도움을 줄 만한 선배는 없었다. 당장 가족들을 벌어 먹여야 하는 현실 앞에서 대다수 직장인은 그런 생각을 할 마음의 여유가 없다. 걱정은 되지만 진지하게 고민할 여력이 없는 것이다.

답답한 마음에 스스로 답을 찾아보기로 했다. 그런데 답을 찾은 것 같다가도 그 답은 신기루처럼 다시 사라져 버리곤 했다. 지금도 여전히 그런 과정을 거치고 있다. 하지만 과거와 다른 점이 있다면 원하는 목적지에 도착하지 못했다고 실망하는 게 아니라, 그 여정을 즐기고 있다는 것이다. 그리고 분명 나의 성장 그래프는 우상향하고 있고, 내가 어디로 가야 할지 나 스스로 방향을 알고 있다는 것이다.

언젠가 한 강의에서 이와 관련된 질문을 받은 적이 있다.

"코치님은 미리 준비를 잘하셨고, 원하는 삶으로 연착륙하고 계신 것 같은데 힘들 때는 없으셨나요? 언제가 가장 힘드셨나요?"

그때 나는 이렇게 대답했다.

"코치 자격증을 취득하고 나면 코칭이 많이 들어올 줄 알았고, 책을 쓰면 베스트셀러가 될 것 같았고, 책을 네 권쯤 썼을 땐 강의가 막 들어올 줄 알았어요. 돈도 많이 벌 것 같았고요. 하지만 그게 아니었어요. 그래서 실망도 했죠. 그런데 뒤돌아보면 저의 성장 그래프, 주가 그래프는 계속 우상향하고 있고 시장에서 가치를 인정받고 있었으며, 원하는 삶에 점점 가까이 다가가고 있었더라고요. 원하는 궤도를 벗어나 있을 때도 있었지만, 결국 우상향하며 성장·발전하고 있다는 게 중요한 것 같아요."

이 말에 수강생 모두가 고개를 끄덕였다.

앞에서 나는 책을 쓸 때 돈보다는 자신의 전문 지식을 집대성한다는 목적으로 쓰기를 권했는데 이런 경험에서 나온 조언이었다. 나도 베스트셀러 작가가 되고 싶고, 돈도 많이 벌고 싶기에 당연히 기대했었다. 그러나 기대가 크면 실망도 큰 법. 하지만 이러한 과정들을 거치면서 훌륭한 목적의 중요성을 깨닫고, 더 성장했고, 성숙해졌다.

그러니 자기 계발을 통해 전문가의 길을 걷고자 하는 분이라면 그것을 통해 큰 것을 얻으려고 기대하기보다는 자신의 주가 그래프가 하루하루 우상향하고 있는지에 주목하길 바란다.

내 인생의 영웅은 바로 나

결국 인생의 주인은 자기 자신이다. 사람들이 사이비 종교에 빠지는 이유도 자기 부재 때문이다. 자기 존재에 대해 불안해 하고 방황하는 이들에게 사이비 종교는 "나만 믿으면 모든 게 해결돼"라는 달콤한 말을 던지며 거짓 환상을 보여 준다. 여기에 한번 빠져들어 의지하기 시작하면 자존감은 더욱 낮아지고 의존도만 높아진다. 나중에는 '선택받지 못하고 버림받으면 어떡하지?'라는 불안감에 시달리게 된다. 그러다 결국 시키면 무엇이든 하는 꼭두각시로 전락하고 만다.

세상에 완벽한 절대자는 없다. 자기를 버리고 타인에게 맹목적으로 의지하는 순간, 타인의 말에 이리저리 휘둘리게 된다. 그런 가운데 독재자도 나오고 사이비 교주도 나온다. 절대자에 의해 휘둘리는 사람들의 공통점은 스스로 생각하려 하지 않는다는 점이다. 절대적인 존재가 자신의 문제를 해결해 주길 바라기 때문이다. 하지만 내 안에 중심이 서면 모든 것이 분명해진다.

TV에 자주 나오는 유명인과 식사를 한 적이 있었다. 평소 매스컴을 통해서는 카리스마 있고 말투도 강해 보였던 것과 달리, 그는 겸손하면서도 경청도 잘하는 사람이었다. 그날 우리는 대화가 꽤 잘 통했고, 많은 대화를 나누면서 편안함과 친근감을 느꼈다.

반면 실망감을 주거나 사기꾼 같은 이들도 있다. 또 상대의 상황을 고려하지 않고, 자신의 성공 방식을 강요하고 일방적으로 솔루션을 심어 주려고 하는 이들도 있다. 이미 시장에서 자리를 잡고 성공한 50~70대 멘토들(코치, 강사, 컨설턴트 등)은 그들이 활동을 했던 시기에 시장 상황이 괜찮았다. 그들은 괜찮은 대학만 나와도 좋은 회사에 입사하여 빠르게 승진하고 임원을 오래 할 수 있었으며, 퇴직 후에도 코칭이 도입되던 초창기에 코칭을 배워서 시장을 선점할 수 있었고, 자신의 브랜드를 키울 수 있었다. 하지만 세상이 달라졌다. 요즘 세대는 여간 노력해서는 성공하기가 쉽지 않다. 따라서, 이들의 낙관적인 조언만 받아들이면 '회사가 전쟁터면, 밖은 지옥'인 요즘, 나와서 굶어 죽기 십상이다.

겸손하지 못한 이들도 있다. 책도 쓰고 사업으로 유명해진 어떤 이의 강의를 들은 적이 있는데 강의 내용 중엔 공감이 가는 것도 있었지만 시종일관 주머니에 손을 집어넣고 욕을 해가면서 강의하는 그를 보면서 내내 마음이 불편했다. 그는 강의하면서 특정인을 심하게 비하했다. 강의가 끝나고 돌아가는 사람들 입에서는 "이 친구 오래가진 못하겠네" "겸손부터 배워야겠어"라는 말이 흘러나왔다. '젊은 혈기'라고 보기에는 기고만장이 도가 지나쳤다는 의견이 많았다. 강의를 들으면서 나는 불편한 마음을 넘어 불쾌하기까지 했다. 그 강의를 통해 내가 얻은 것이 있다면 '내가 저 위치에 서면 저러지 말아야겠다'라는 생각을 가슴 깊이 새긴 것이다. 그러니 성과가 없었던 것은 아니다.

업계에서 코칭 전문가로 인정받고 있지만 그가 대표로 운영하는 회사는 함께 일한 직원들이 계속 떠나거나 함께 일한 코치들이 고개를 절레절레 흔드는 사람도 있다. 자신의 감정을 통제하지 못하고 감정 기복이 심해 직원들이 함께 일하기 힘들어하거나 심지어 소리를 지르기도 한다. 왜 그 회사 담당자는 계속 바뀔까? 함께 일한 직원들이나 코치들은 결별할 때 왜 그렇게 그 대표 욕을 할까? 그 대표는 기업의 임원을 코칭하기에 앞서 자신을 먼저 셀프 코칭하고, 자신의 회사 먼저 모범을 보이려고 노력해야 하지 않을까? 나는 이런 사람들을 보면 안타깝기 그지없다.

내가 법인회사 ㈜비즈니스임팩트를 만든 이유는 다음과 같다.

1. 혼자 하는 데 한계를 느껴서
2. 함께 더 큰 가치 창출을 위해
3. 실제 경영해 본 대로 코칭하고 강의하기 위해

나는 내가 코칭하고 강의하는 CEO·임원·리더들에게 '실천적 리더십'을 강조한다. 내가 정의하는 '실천적 리더십'이란 '경영자, 리더가 실천하는 모습을 구성원들이 보고 배우며, 부지불식不知不識간에 영향을 받아 그 리더의 모습을 갖춰 나가도록 긍정적인 영향력을 발휘하는 리더십'이다.

나는 회사 대표로서 실제로 그런 리더십을 발휘하려고 노력하고 있고, 내가 경영하는 대로 모범을 보이면서 코칭하는 코치가 되고 싶다. 그래서 내가 기업의 경영자, 리더들에게 강조하는 것처럼, 직원들에게 감정을 섞은 피드백을 하지 않으며, 객관적 사실을 토대로 차분하게 피드백하고 있다. 또한 직원들을 믿고 재택근무 기반으로 일하고 있으며, '자율과 책임'이란 핵심가치 하에 스스로 일하는 문화를 만들어 가고 있다. 실제로 그렇게 회사가 운영되고 있고, 직원들은 이렇게 일하는 방식을 매우 좋아하며, 고성과를 창출하고 있다. 나는 '꿈과 비전을 구성원들과 함께 실현해 나가는 리더'가 되고 싶다.

많은 전문가를 만나면서 나는 그들에게서 배울 점과 경계해야 할 점을 찾고자 했다. 또 그들을 맹목적으로 따르기보다는 내 안에 중심이 서야 한다는 사실을 깨달았다. 다른 사람들을 벤치마킹하되 결국 나의 스승은 나 자신이 되려고 노력해야 한다는 것이다.

어쩌면 나도 책을 통해 비치는 모습과 실제로 만났을 때의 모습이 다를 수 있을 것이다. 책이란 솔직히 쓰려고 노력하더라도 어느 정도 미화될 수밖에 없기 때문이다. 그러니 나를 벤치마킹하려고 하는 사람이 있다면 내 이야기를 듣되 스스로 판단하고 스스로 스승이 되라고 권한다. 결국 내가 가장 많은 시간을 쏟아서 만나야 하는 영웅은 바로 나 자신이다. 다른 사람의 인생에서도 많은 걸 배울 순 있지만 내 인생만큼 내게 많은 것을 가르쳐 줄 수 있는 것이 있을까?

로버트 존슨의 책《당신의 그림자가 울고 있다》에서 존슨은 누군가 그에게 '나는 누구인가?'라고 물으면, '내 안에 답이 있다'고 답하라고 하며 자신의 내면을 탐색하기를 권한다.

미국 오바마 전 대통령의 애독서이자 마이클 잭슨에게 많은 영감을 준 책으로도 잘 알려진 랄프 왈도 에머슨의《자기신뢰》는 "너를 너 밖에서 구하지 말라"라는 구절로 시작한다.

철학자 데카르트는 "나는 생각한다. 그러므로 존재한다"라는 명제를 통해 자신이 확인할 수 있는 유일한 사실은 1인칭밖에 없으며, 자신의 존재를 증명해 주는 것은 생각하고 있는 자신뿐이라고 주장했다.

우리가 살면서 반드시 자기 스스로 스승이 되어야 하는 분야가 있다. 그것은 바로 자신의 미래에 관한 것이다. 그리고 그 미래를 준비하기 위해 간절히 만나야 할 영웅, 가장 많이 만나야 할 사람은 다름 아닌 자기 자신이다. 나 역시 최고의 비즈니스 코치가 되겠다는 비전을 갖고, 다른 사람을 벤치마킹하기보다는 경영, 전략, 리더십, 성과관리, 심리학, 재무회계, 기술경영 등 경영과 공학의 융복합 지식·경험을 보유하면서 코칭·티칭·컨설팅을 종합적으로 활용하는 나만의 코칭 스타일을 쌓으려고 노력해 왔다. 그 결과, 시장에서 인정받는 비즈니스 코칭 전문가로 자리잡을 수 있었다.

《주홍글씨》로 유명한 너새니엘 호손의 단편소설 《큰 바위 얼굴》은 '평생 산 위에 새겨진 얼굴을 가진 영웅을 기다려 왔는데 알고 보니 그게 자신이었다'는 내용의 이야기다. 결국 인생의 주인공은 자신이다. 멘토들의 조언을 참고하되 먼저 내 안에 중심이 서야 한다는 말이다.

자부심과 우월감 사이

나만의 방향성을 갖고 자기답게 살아갈 때 우리는 충만하고 행복한 삶을 살게 된다. 하지만 경계해야 할 것이 있다. 자기만의 세계를 가지려고 노력하되 그 세계에 너무 빠지지 않는 것이다. 자부심은 갖되 우월감은 내려놓아야 한다.

파블로 피카소는 "성공은 위험하다. 성공한 사람은 자기 모방을 하기 시작한다. 자기 모방은 다른 사람을 모방하는 것보다 더 위험하다. 그 결과 자기 고갈 현상이 일어난다"고 말했다. 물이나 자원 따위가 마르거나 없어지듯, 느낌이나 생각이 고갈되듯 자기를 모방하게 되면 자기 자신이 고갈되어 그 능력을 오래 사용할 수 없게 된다는 것이다.

내가 만난 일부 유명인들, 기업의 CEO들은 자기만의 세계에 심취해 있는 경우가 많았다. 또 매스컴에 비치는 모습과 실제 모습이 많이 다른 경우도 있었다. 자신에게 도취되어 자신을 신격화하는 사람도 있었다. 이런 사람 귀에는 다른 사람의 조언이나 충언이 들릴 리 없다. 그런데 그 순간, 그와 조직은 망하는 지름길로 들어서게 된다.

스스로 스승이 되는 건 멋진 일이지만 자신을 경계하면서 균형 잡힌 삶을 산다면 더 멋질 것이다. 그러려면 어떻게 해야 할까? 끊임없이 공부하고 자신을 성찰해야 한다. 그리고 다음의 세 가지를 간과해서는 안 된다.

첫째, 스스로 스승이 되려는 노력과 함께, 항상 다른 사람에게 배운다는 자세를 견지해야 한다. 스승은 세상 도처에 있다.

둘째, 어느 단계에 이르러서는 반드시 배운 것을 깨뜨려야 한다. 검도에는 배움의 단계를 나타내는 '수파리'라는 개념이 있다. 그 뜻은 다음과 같다.

- 수(守): 스승에게 배운 것을 온전히 지켜나가는 단계
- 파(破): 배운 것을 깨뜨리는 단계
- 리(離): 새로운 것을 깨닫는 단계

살아가면서 배우고 공부하는 것도 중요하지만 언젠가는 반드시 그것을 깨뜨릴 수 있어야 한다. 그래야 새로운 것을 깨달을 수 있다.

셋째, 항상 겸손해야 한다. '스스로 스승이 되고, 자기 인생의 영웅은 자신이라는 것을 깨달으라'는 말은 아집을 가지라는

의미가 아니다. 《도덕경》에 나오는 "부자견고명 부자시고창不自見故明 不自是故彰"이라는 말처럼 '내가 보는 세상이 전부라는 생각을 버리면 비로소 빛나게 될 것이고, 내가 옳다는 아집을 버리면 오히려 남들로부터 박수를 받아 빛나게 될' 것이다.

고정관념을 내려놓으려면 어떻게 해야 할까? '나는 모른다'라는 생각을 끊임없이 해야 한다. 그래야 새로운 생각들이 피어난다.

'지금, 여기'를 사는 것으로 삶은 완성된다

'나답게 산다는 건 무슨 의미일까? 나는 지금 나답게 살고 있는가? 내가 조각해야 할 가장 간결한 나는 과연 어떤 모습인가?'

'지금까지 살아온 모습과 맡아온 역할들을 빼고 나면, 나는 대체 누구인가?'

분석심리학의 창시자인 칼 구스타프 융은 "나는 선한 사람이 되기보다 온전한 사람이 되고 싶다"고 말했다. 로버트 존슨의 《당신의 그림자가 울고 있다》에도 이 말이 등장한다.

"인간은 빛을 사랑한다. 그러나 빛이 밝은 만큼 어둠이 존재한다는 사실을 인정하고 싶어 하지는 않는다. (중략) 빛으로 어둠을 몰아낼 수 있을 것으로 보이지만 빛을 밝힐수록 어둠 또한 확대된다. … 칼 융이 말한 '온전함'이란 전인적인 존재를 의미한다. 착하고 선한 부분만을 의미하는 것이 아니다. … 빛과 어둠, 이 둘 다의 합이다."

빛으로 가득 찬 사람이 아니라 빛과 어둠이 포함된, 그것을 온전하게 받아들일 줄 아는 사람이 되어야 한다는 의미다. 나는 그 시기를 마흔이라고 본다. 마흔 정도의 나이가 되면 스스로 온전하다고 생각하는 모습에 가까워져야 한다. 그러려면 자신의 빛과 그림자를 이해하고, 이를 받아들일 수 있어야 한다.

피카소가 질투한 전설적인 조각가 알베르토 자코메티는 이런 질문을 던졌다. "내가 조각해야 할 가장 간결한 내 모습은 무엇인가? 그것을 위해 나는 온전히 나에게 몰입하고 있는가?"

자기다움이 경쟁력이다

코칭을 공부한 후부터 '나답게, 이재형답게 사는 게 과연 무엇일까?'에 대해 가끔 생각해본다.

제너럴 일렉트릭(GE)의 전 회장 잭 웰치는 기회가 있을 때마다 "Be yourself!"라는 말을 자주 했다고 한다. 이 말에는 궁극적으로 '가장 너답게 살라'는 의미가 함축되어 있다. '베스트 원best one'이 되려고 안간힘을 쓰기보다는 '온리 원only one', 즉 고유하고 유일한 존재로서의 '나다움'을 갈고닦으라는 것이다.

앞에서 경쟁형 인간과 성취형 인간에 대해 설명했는데, '베스트 원'은 '경쟁형 인간' '온리 원'은 '성취형 인간'과 일맥상통한다고 볼 수 있다. 그러고 보면 나답게 산다는 것은 '온리 원' '성취형 인간'이 되는 것이리라. 그리고 나답게 사는 것은 '있는 그대로' '자기 자신으로' 살아간다는 의미이기도 하다.

《그리스인 조르바》에서 조르바는 다음과 같이 말한다.

"말씀드리지요. 원래 까마귀는 까마귀답게 점잖고 당당하게 걸을 줄 알았어요. 그런데 어느 날 이 까마귀에게 비둘기처럼 거들먹거려보겠다는 생각이 든 거예요. 그날로 이 가엾은 까마귀는 제 걸음걸이를 전부 까먹어버렸다지 뭡니까. 뒤죽박죽이 된 거예요. 기껏해야 어기적거리면서 걷는 게 다였으니까요"

모 스타 강사는 스피치에 대해 배우지도 않았고 발음을 고치려고 노력하지도 않았다고 한다. 그냥 그녀가 원래 가지고 있는 발음과 스타일을 살리려고 노력했고, 결국 스피치 전문가가 되었다. 만일 다른 스피치 전문가들을 흉내 내려고 했다면 자신만의 색깔을 가진 스타 강사가 될 수 있었을까?

우리의 인생도 이와 비슷하다. 다른 사람을 부러워하고 자기에게 맞지도 않는 것을 따라가려고 하다가는 결국 삶이 뒤죽박죽돼 버린다. 따라서 우리는 우리 자신의 참모습에 어울리는 고유한 아름다움을 드러내며 살아가는 삶의 태도를 길러야 한다.

가슴 속에 품고만 있던 일에, 나답게 도전해 보라

《발가벗은 힘》을 출간 후 많은 독자로부터 호응을 얻었다. 그리고 책을 원작으로 뮤지컬 〈발가벗은 힘〉을 제작하여 성공적으로 무대에 올린 바 있다. 오디션을 통해 배우들을 선발했고, 연습 기간을 거쳐 실제로 대학로 무대에 공연을 올렸는데, 다행히 두 번의 공연 모두 객석이 가득 찼다.

나는 뮤지컬 전문가도 아니고 뮤지컬에 대해 잘 알지도 못한다. 그런데 어떻게 이런 일을 계획하고 실천에 옮길 수 있었을까?

〈발가벗은 힘〉은 그냥 뮤지컬이 아닌 '코칭'과 '뮤지컬'을 결합한 '코칭 뮤지컬'이기 때문이다. '나는 전문 코치이니 뮤지컬 전문가들과 콜라보(협업)를 하면 되겠구나!'라는 생각에서 모든 것이 시작되었다. 그리고 대의大義를 알아준 전문가들이 힘을 모아주었다. 20명 이상의 스태프들이 제작에 참여했고, 참가자 모집과 오디션을 통해 선발된 22명의 일반인이 6개월간 뮤지컬 배우가 되기 위해 연기·노래·춤 전문가들로부터 훈련받았다.

'코칭 뮤지컬'이 일반 뮤지컬과 다른 점은 정해진 대본을 바탕으로 전문 배우들이 등장인물을 연기하는 것이 아니라 일반인 참가자들이 그들의 실제 삶의 이야기를 바탕으로 구성한 대본을 가지고 연기하는, 그야말로 참가자 모두가 주인공이 되어 무대에 오른다는 것이다. 따라서 배우 모집 시 "'나답게 살기'를 원하고, 그 삶을 무대 위에서 마음껏 펼쳐내고 싶은 분들의 지원을 바랍니다. 연기, 노래, 춤을 잘하기보다는 내가 진정으로 살고 싶은 삶을 무대 위에서 펼쳐내고 싶은 강렬한 의지를 가진 분들을 캐스팅합니다. 연기, 노래, 안무, 스토리 창출은 전문가들이 도와드립니다"라고 공지했다.

코칭 뮤지컬 〈발가벗은 힘〉은 나의 책 《발가벗은 힘》을 얼개로 하여 극의 전반적인 흐름을 구성하되 각각의 등장인물과 스토리는 인터뷰와 코칭을 통해 참여 배우들의 서사로 완성되었다. 각자 이루고 싶었던 꿈이나 삶에서 해결하고 싶었던 이슈들을 대본에 반영한 것이다. 예를 들면, '10년 뒤 내가 꿈꾸는 나는 어떤 모습인가? 남은 삶을 어떻게 살고 싶은가? 어떤 일을 할 때 가슴이 뛰는가?' 등의 질문에 대한 답을 스스로 찾고, 그 답을 꿈과 비전으로 승화시켜 무대에서 펼쳐내며, 실제로 그 꿈과 비전을 무대 밖에서도 실현할 수 있도록 돕는 것이다. 따라서 삶의 단순한 변화 이상의, 완전한 탈바꿈을 할 수 있도록 기획하였다. 즉 나의 '존재being'를 찾고, 이것을 실제 삶에서 '실행doing'할 수 있도록 하는 것, 진정 '나답게 살 수 있도록' 돕는 것, 이것이 바로 코칭 뮤지컬 〈발가벗은 힘〉의 취지이자 일반 뮤지컬과의 차별점이었다. 아마도 이런 시도는 대한민국 최초, 세계 최초가 아닐까 싶다. 이 뮤지컬은 협찬이나 지원 없이 전문가들의 자발적 참여와 재능 기부로 진행되었다. 그 때문에 오디션 장소와 연습실도 최소 비용으로 운영했다.

실제로 오디션에는 많은 이들이 참여했다. 기업 대표와 임원, 직원, 전문 코치와 강사, 대학생, 심지어 초등학생까지. 연령대도 10대부터 50대까지 다양했다. 모녀가 함께 참여한 경우,

친구와 함께 참여한 경우가 있는가 하면, 아내를 응원하러 왔던 남편이 오디션장 분위기가 너무 좋아서 초등학생 아들과 함께 즉석에서 오디션에 참여하는 등 오디션장 풍경이 실로 다채로웠다.

심사위원들이 가장 신경 썼던 것은 '심사하는 사람, 평가하는 사람이라는 느낌을 주지 않기'였다. 삶의 동반자이자 지지자로서 오디션을 진행했고, 실제로 참여자들은 편안하고 즐거운 오디션을 경험할 수 있었다고 소감을 말했다.

오디션을 진행할 때 심사위원의 질문에 답을 하면서 눈물을 왈칵 쏟아낸 분들도 있어서 분위기가 숙연해지기도 했다. 하지만 그들은 곧 스스로 정화하였고, 어느새 오디션장은 밝은 에너지와 웃음으로 가득 찼다. 참가자들은 편안한 분위기에서 진정성을 담은 '내 이야기'를 토대로 '진짜 연기와 노래, 춤'을 보여줬다. 나를 포함한 심사위원들은 오디션 내내 가슴 뭉클했다. 물론 전문 배우들에 비하면 어설프고 부족하다. 하지만 '어릴 때부터 배우를 꿈꿔 왔으나 생계 등 현실적인 이유로 포기했다가 더 늦기 전에 도전했다' '뮤지컬을 하고 싶었으나 전문 배우가 아니라 할 수 없었다'고 말하는 지원자들도 있었다. 하지만 예술을 특정 계층만 향유하는 것이 아니라 일반인 누구나 참여하고 누릴 수 있게 하는 것 역시 코칭 뮤지컬 〈발가벗은 힘〉의 취지였다.

관객석이 가득 찬 코칭 뮤지컬 〈발가벗은 힘〉은 대성공이었고, 공연을 보러 온 배우들의 가족과 지인들은 감동의 도가니에 빠졌다. 그리고 뮤지컬을 기획하고 준비하여 무대에 올린 건, 내게 코치로서의 소명 의식을 다시금 확인케 하고, 내가 꿈꾸던 일들이 실현돼 가고 있음을 목도하게 한 경험이었다.

당신은 어떠한가? 뮤지컬 배우 도전이 아니더라도 좋다. 당신이 가슴 속에 품고만 있던, 그 어떤 것이라도 도전해 보길 바란다.

No More Explain, Just Do It!

나답게 사는 데 필요한 것, '용기'

나답게 사는 데 필요한 것은 과연 무엇일까?

나는 무엇보다 '용기'가 필요하다고 생각한다.

내가 MBA에 도전했던 것, 6개월간 휴직했던 것, 40대 중반에 과감히 퇴사한 것, 코칭 뮤지컬 〈발가벗은 힘〉을 기획하고 무대에 올린 것, 퇴사 후 혼자 일해도 자유롭게 잘 살 수 있지만 굳이 법인회사를 설립한 것 모두 용기가 필요했던 일이다.

내가 생각하는 '용기'는 내가 하고 싶은 것을 소신 있게, 남 눈치 보지 않고 내 의지대로 하는 것을 말한다. "친구 따라 강남 간다"는 말처럼 사람들은 하기 싫은 일을 다른 사람들 때문에 하는 때도 있다. 만일 다른 사람의 부탁을 잘 거절하지 못한다거나, 화가 나도 화를 잘 못 낸다거나, 자기 의견을 확실하게 말하길 주저하는 사람이라면 '착한 사람 콤플렉스'에 빠져 있는지도 모른다. 이런 사람은 남들의 시선을 극도로 신경 쓰면서 자기 생각과 감정을 제대로 표현하지 못한다. 싫어도 싫다고 말하지 못하고, 화가 나도 겉으로는 미소를 짓는다. 착해야 한다는 생각에 사로잡혀 '진짜 자신'을 감추고 살아가는 것이다.

중요한 건 나의 행복을 먼저 찾는 것이다. 겉과 속이 다르게 살아가다 보면 남들 눈에는 착한 사람으로 보일지 몰라도 자신의 속은 썩어들어간다. 이런 삶에 행복이 끼어들 틈은 없다.

그렇다면 '착한 사람 콤플렉스'에서 벗어나려면 어떻게 해야 할까? 용기를 갖고 남들에게 향해 있던 시선을 자기 안으로 돌려야 한다. 내 생각과 감정을 더 존중하고, 싫은 게 있으면 당당하게 'No'라고 표현하며, 내 가치관과 다를 경우 타인의 말에 흔들리지 않고 무시할 수도 있어야 한다.

내가 회사에서 휴직했을 때, 사내에서 여러 말이 돌았던 모양이다.

"출간한 책이 베스트셀러가 돼서 인세를 많이 벌었대."

"강의 수입이 꽤 괜찮다네."

"이직이나 퇴사 준비하려고 휴직하는 거 아냐?"

근거 없는 이런 소문들 때문에 나는 회사에서 '스타'가 돼 있었다. 회사라는 곳이 그렇다. 소문이 소문을 낳는다. 예전의 나 같았으면 이런 이야기를 듣고 뭐든 대응했을 것이다. 그런데 그때는 그냥 웃으면서 흘려보냈다. 그런 일에 신경 쓰면서 에너지를 소모하고 싶지 않았다. 그리고 나는 이미 나답게 살고 있었고, 그들의 말에 흔들리지 않을 용기가 있었기 때문이다.

내가 40대 중반에 퇴사한 이유 중 하나는 내가 원하지 않는 것에 시간과 에너지를 소모하지 않고, 남은 삶을 내가 원하는 것에 집중하고, 시간을 보다 가치 있고 의미 있게 쓰고 싶어서였다.

회사에서는 소문에 예민해질 수밖에 없다. 동료들과 그 소문을 공유하고 퍼트리는 데 시간을 보내는 경우도 많다.

"임원 중 ○○이 좌천됐대. 엄청 깨졌대" "K 직원은 담당 상무가 예뻐해서 평가를 제일 잘 받고, E 직원은 찍혀서 최하위 평가를 받았대" "직원 A랑 B랑 대판 싸웠대" "X 팀장이랑 Y직원이 사이가 엄청 안 좋대" "승진심사에서 원래 C가 돼야 하는데, D로 바뀌었대" "Z 직원은 낙하산으로 입사했다네"…….

이런 이야기를 나누는 게 직장 생활의 재미일 수 있겠지만, 인생 전체를 놓고 보면 별 도움이 되지 않는다. 차라리 그 시간에 책을 한 권 더 읽는 게 낫다. 퇴사 후 나는 그런 소모적인 일로부터 자유로워졌으며, 오로지 내가 원하는 일에만 집중할 수 있게 되었다.

하지만 야생에 나와서도 나를 시기, 질투하거나 신경 쓰이게 하면서 내 에너지를 소모하게 하려는 사람들이 생겨나기 마련이다. 기업교육 업계에 발을 들인지 얼마 안 되는 내가 일찍 자리를 잡고 잘 나간다는 소문이 나자, 나를 시기하고 질투하는 사람들이 있다는 이야기를 들었다. 지인을 통해 그 사람들이 누구인지도 알게 되었다. 나보다 훨씬 먼저 업계에서 일했으나 자리를 제대로 잡지 못한 사람들이었다.

나는 그냥 웃으면서 무시해 버렸다. 그리고 평상시처럼 내 길을 열심히 걸었다. 참고로 나는 강사나 코치들과의 모임에 나

가지도 않고, 교류를 잘 하지도 않는다. 그 시간에 내 것을 만드는 데 집중하기 때문이다. 그래서 나를 잘 알지 못하는 사람들이 나에 대해 말하는 건 그냥 넘겨 버리는 경향이 있다.

최근 나와 우리 회사는 업계에서 이름이 더 많이 알려졌다. 어떤 행사에서 나를 시기했다던 한 사람을 우연히 만났다. 그런데 나에게 먼저 다가와 인사를 하더라. 다른 사람들과 계속 대화하는 나를, 인사하려고 기다리고 있었단다. 행사에서 상을 받은 나에게 축하의 말을 건네며 "요즘 너무 잘 되신다고 들었다"라고 말했다. 그는 왜 그렇게 나한테 인사하려고 기다리기까지 했을까?

독수리를 공격할 수 있는 유일한 새는 까마귀라고 한다. 까마귀는 독수리가 날 때 독수리 등에 앉아서 목을 쪼아 댄다. 하지만 독수리는 반응하지 않는다. 싸우는 데 시간을 낭비하거나, 에너지를 소비하지 않는다. 대신 날개를 펴고 최대한 높이 날아오른다. 독수리가 더 높게 날면 날수록 까마귀는 숨을 쉬기 어려워진다. 결국 까마귀는 산소가 부족해 스스로 떨어져 버린다.

우리는 까마귀 같은 사람에게 시간을 낭비하지 말고, 독수리처럼 계속해서 높이 날아가는 나만의 길을 걸어가면 되는 것이다. 이렇게 나만의 길을 걸어가고 용기를 내기 위해서는 '고집'도 필요하다. 아무리 현실이 힘들어도 '이것만큼은 절대 양보할 수 없다'고 할 만한 원칙을 말한다.

고집은 '자기 의견을 바꾸거나 고치지 않고 굳게 지켜서 우기는 것'을 말한다. 옹고집은 아주 억지스럽게 자기 생각이나 의견을 굽히지 않고 우기는 것이며, 고집불통은 조금의 융통성도 없이 자기주장만 계속하는 것을 말한다. 그리고 아집이란 자기중심적인 생각이나 좁은 소견에 사로잡혀 자기 것만 내세우는 걸 말한다. 그중 나답게 사는 데 필요한 것, 용기를 위해 필요한 것은 '고집'이다.

옳은 일에는 분명 '예' '아니요'라고 말할 수 있는 고집이 필요하다. 이러한 고집은 나를 더욱 나답게 만들고, 용기 있게 만든다. 그리고 성공한 사람 중에는 한 우물만 판 고집쟁이들이 많다.

나 역시 나만의 고집을 세우고, 이를 실천으로 옮겨 왔다. 우리 회사 코치와 강사진의 가치를 인정해 주지 않고 터무니없이 '저가'로만 강의와 코칭을 요청하는 기업에는 아예 제안서를 보내지 않는다. 또한 우리의 코칭비와 강의료 수준과 차이가 큰 기업은 아예 들어가지 않는다. 코로나 팬데믹 시기에도 이 원칙을 고수하였다. 이런 고집 덕분에 시장에서 우리의 가치에 걸맞은 가격대를 유지하면서 팬층이 확장되고 있고, 그 위상을 인정 받고 있다. 그렇지 않으면 서서히 정체성이 무너지기 시작한다. 에르메스와 샤넬이 불경기에 사업이 안 된다고 가격을 대폭 내리면 그 정체성이 유지될 수 있을까?

용기를 내기 위해서는 '나만의 개똥철학'도 필요하다. 기업에서 핵심가치는 생각과 행동의 기준점이 된다. 집안의 가훈과 같다. 핵심가치가 없으면 어떤 상황이 닥쳤을 때 기준이 없어 우왕좌왕하게 된다. 나만의 개똥철학은 기업의 핵심가치와 같다.

나만의 개똥철학이 있으면 어떤 상황이 닥쳤을 때 생각과 행동의 기준점이 되어 우왕좌왕하지 않게 된다. 또 아무리 현실이 힘들더라도 양보할 수 없는 어떤 원칙과 고집을 갖게 만든다.

'개똥철학'이라는 말을 사전에서 찾아보면 "대수롭지 않은 생각을 철학인 듯 내세우는 것을 낮잡아 이르는 말"이라고 돼 있다. 사전에도 나와 있듯이 보통 개똥철학은 논리적이지 않고, 나 아닌 다른 사람에게는 적용되지 않는 때도 있다. 남들에겐 설득력 있게 들리지 않을 수 있기 때문에 개똥철학을 현실에 적용할 때는 용기가 필요하다. 내가 안정적인 직장을 뒤로하고 퇴사한 것도 남들이 보기에는 이해가 안 됐을 수 있지만 나에게는 나만의 개똥철학과 용기가 있었기에 가능했던 일이다.

용기가 있는 사람은 자신감이 있고 당당하다. 그러한 자신감과 당당함은 남들이 봤을 때 불편한 감정을 유발하기보다는, '그 사람, 참 멋지다! 자신만을 철학을 가진 것 같다!'라고 생각하도록 만든다.

나는 '해당화'라는 건배사를 좋아한다. '해가 갈수록, 당당하고, 화려하게'라는 의미다. 실제로 해당화라는 꽃은 거친 바닷바람에도 끊임없이 몸을 일으켜 종국에는 화려한 꽃을 피운다. 나를 포함해 모든 직장인이 해당화가 되었으면 한다.

'지금, 여기'를 살아갈 용기

알프레드 아들러의 심리학을 쉽게 정리해 놓은《미움받을 용기》라는 책을 재미있게 읽은 적이 있다. 이 책이 좋았던 이유는 내 삶의 가치관들이 투영되어 있고, 내가 '발가벗은 힘'을 키우는 과정에서 나만의 개똥철학을 세우는 데 도움이 되었기 때문이다.

책에는 철학자와 젊은 청년이 등장하는데 철학자는 다음과 같이 말한다.

"아들러의 목적론은 '지금까지의 인생에 무슨 일이 있었든지 앞으로의 인생에는 아무런 영향도 없다'라고 말해 주는 거지. 인생을 결정하는 것은 '지금, 여기'를 사는 자네라고 말일세. (중략) 목표 같은 건 없어도 괜찮네. '지금, 여기'를 진지하게 사는 것, 그 자체가 춤일세. 심각해질 필요 없어. 진지하게 사는 것과 심각한 것을 착각하지 말게."

'지금까지의 인생에 무슨 일이 있었든지 앞으로의 인생에는 아무런 영향도 없다'는 말은 사실 100퍼센트 공감하기 어렵다. 그러나 그렇게 생각하자는 것이다. 과거의 일을 너무 자책하거나 후회하지 말고, 교훈으로 삼아 현재와 미래 지향의 삶을 살자는 말이다. 그래서 나 같은 코치들은 코칭을 할 때 "(지금까지는 그렇게 사셨지만) 앞으로는 어떻게 살고 싶나요?"라고 질문한다. 이를 '미래 질문'이라고 한다. '미래 질문'은 삶의 에너지를 높여 준다.

우리는 살면서 많은 사람을 만난다. 그런데 생각보다 과거에 얽매여 넋두리하는 사람들이 많다. 그들은 현재와 미래보다는 과거를 이야기하고, 과거를 후회하는 데 많은 시간을 쓴다. 하지만 과거는 영원히 갔고, 미래는 늘 미래로 남겨져 있기에 우리에겐 '지금, 여기'를 사는 것이 중요하다. 그래서 '현재 Present'를 '선물Present'이라고 하지 않던가! 굳이 니체의 '영원회귀永遠回歸'를 언급하지 않더라도 과거를 '독립사건(서로 독립되어 다른 사건이 일어날 확률에 영향을 주지 않는 각각의 사건)'으로 보는 습관을 지닌다면 우리는 매 순간 새롭게 태어나는 셈이다. 그리고 다시 태어났으니 내가 원하는 삶을 향해 오로지 나아가면 되는 것이다. 니체 역시 현실의 삶의 고뇌와 기쁨을 그대로 받아들이고 그 순간만을 충실하게 사는 데에 생의 자유와 구원이 있다고 주장했다.

지금까지의 인생에 무슨 일이 있었든지, 그것은 앞으로의 우리 인생에 아무런 영향을 주지 못한다. 사실 영향을 줄 순 있겠지만 그냥 '독립 사건'으로 생각하자. 과거의 일을 너무 자책하거나 후회하지 말자. 인생을 결정하는 것은 '지금, 여기'를 사는 것이다. '지금, 여기'를 진지하게 사는 것, 그 자체가 춤이고, 그 자체로 삶은 완성된다.

그리고 우리는 진지하게 사는 것과 심각한 것을 착각하지 말아야 한다. 나이가 들수록 심각한 사람들과 점점 거리를 두게 된다. 진지한 사람들은 깊이가 있다. 하지만 심각한 사람들은 함께 있으면 피곤하다. 나이가 들수록 심각하고 무거운 사람보다는 유쾌하고 가벼운 사람들이 좋다. 가벼운 사람들과 함께 있으면 즐겁다. '가볍다'는 것은 좋은 말이다. 고대 그리스의 철학자 파르메니데스도 가벼운 것이 긍정적이고, 무거운 것이 부정적이라고 말하지 않았던가.

"목표 같은 건 없어도 괜찮네. '지금, 여기'를 진지하게 사는 것, 그 자체가 춤일세"라는 말은 어떻게 해석하면 좋을까? 목표 따위는 없이 살아도 된다는 말일까?

철학자는 '목적지에 도달하려는 인생'은 '키네시스kinesis적 인생'이며, 그에 반해 '실현해 가는 활동에 초점을 맞추는 인생'은 '에네르게이아Energeia적 인생'이라고 말한다.

'키네시스'에는 시작과 끝이 있다. 그 시작에서 끝에 이르기까지의 운동은 가능한 효율적이고 신속하게 달성되는 것이 바람직하다. 그리고 목적지에 도착할 때까지 그 여정은 불완전하다. '에네르게이아'는 과정 자체를 결과로 보는 운동이며, 과정 자체를 즐기는 것이다.

등산할 때 그 목적이 정상에 오르는 것이면 그것은 키네시스적 행위이며, 정상에 오르지 못하면 실패한 것이다. 하지만 에네르게이아적 관점에서는 정상에 올랐는지 아닌지는 상관없으며, 정상에 오르는 과정을 즐기는 것 자체로, 이미 완결 상태에 있는 것이다.

결과도 중요하지만, 과정을 즐기는 것이 더 중요하다는 말이다. 과정 자체를 즐기면 좋은 결과는 따라오게 마련이다. 나는 실제로 내 가슴이 원하는 일을 하고, 과정을 즐기면서 좋은 결과를 얻는 경험을 하고 있다.

당신은 어떠한가? 충분히 과정을 즐기고 있는가?

지금부터는 어떻게 살고 싶은가?

세상을 살다 보면, 내가 생각하는 것만큼 세상 사람들은 나에 대해 그렇게 관심이 없다는 사실을 알게 된다. 자신을 챙기기도 바쁘다. 남에 대한 걱정이나 비판도 잠시 하는 것, 그렇다면 내 삶의 많은 시간을 남의 눈에 비친 내 모습을 걱정하면서 살 필요가 있을까.

그리고 이 세상 모든 사람에게 사랑받을 필요도 없다는 깨달음을 얻게 된다. 그런데 우리는 모두에게 사랑받길 원한다. 심지어 대통령도 누가 되든, 국민의 반은 지지하고 반은 싫어한다. 누군가가 날 싫어한다면 그러려니 하고 그냥 넘어가면 된다. 그러니 타인에게 피해를 주는 일이 아니라면 남 눈치 그만 보고, 내가 원하는 삶을 즐겁게 살자.

지금, 이 순간, 나를 포함해 자기다운 삶을 찾기 위해 애쓰는 많은 이들에게 '용기 내라'고 말하고 싶다.

TV의 한 예능 프로그램에서 '나를 무섭게 만드는 노래'라는 주제로 토크쇼를 진행한 적이 있는데, 패널로 출연한 가수 이적 씨는 다음과 같은 노래를 불렀다.

> 어느 날 난 낙엽 지는 소리에
> 갑자기 텅 빈 내 마음을 보았죠
> 그냥 덧없이 흘러버린
> 그런 세월을 느낀 거죠.
> 저 떨어지는 낙엽처럼
> 그렇게 살아버린 내 인생을
> 난 참 바보처럼 살았군요
> 난 참 바보처럼 살았군요

잃어버린 것이 아닐까

늦어버린 것이 아닐까
흘러버린 세월을
찾을 수만 있다면
얼마나 좋을까 좋을까
…

노랫말을 음미하며 들으니 "인생이 끝난 후 회한을 삼키듯 부른 느낌이 들어 가끔 섬뜩할 때가 있다"는 가수의 말이 가슴에 와 닿는다.

인생을 살면서 자신에게 던져야 할 중요한 질문이 두 가지 있다.

나는 어떤 존재(사람)가 되고 싶은가?
나는 무엇을 하며 살 것인가?

나는 이 질문에 대한 답으로 '개인과 조직의 변화와 성장을 돕기 위해 글 쓰고 코칭하고 강의하면서 훈수 두는 전문가로 살자'라고 결론 내렸다. 내가 안정적인 직장을 뒤로 하고 사표를 던지고 나온 이유다.

이 책을 쓴 이유는 성공하는 방법에 대해 말하기 위해서가 아니다. 내가 직장인이었을 때, 덕업일치를 유지하면서 충만하고 행복한 삶, 나 자신이 원하는 삶을 살기 위해 고군분투하면서 얻은 것들을 나와 비슷한 고민을 하는 사람들과 공유하기 위해 이 책을 썼다. 또한 퇴사 후 나의 이야기도 참고할 수 있도록 담았다. 하지만 내 이야기를 참고는 하되, 각자 자신만의 삶을 만들어 가길 바란다.

가슴이 원하는 일을 하며 자유롭게 살고 싶다면, 회사 안에서도 밖에서도 진가를 인정받고 싶다면, 그리고 경제적으로 더 안정되길 바란다면, 부디 '발가벗은 힘'을 구축하길 바란다. 그리고 그 가운데서도 늘 '자기다움'을 잃지 않길 바란다.

니체는 말했다.

> 다시 태어난다면 어떻게 살고 싶은가?
>
> 그렇게 살아라. 지금 당장 여기에서.

나 이재형은 말한다.

지금부터 어떻게 살고 싶은가?

그렇게 살아라. 지금 당장 여기에서.

나답게 살기

나에게 던져야 할 질문들

내가 진정으로 원하는 삶의 방향은 무엇인가?

내가 조각해야 할 가장 간결한 나의 모습은 무엇인가?

'나다운 모습'은 무엇인가? 나는 나답게 살고 있는가?

나답게 사는 데 필요한 것은 무엇인가?

나에게 '용기' 있는 삶이란 무엇인가?

나만의 '개똥철학'과 '고집'은 어떤 것들이 있는가?

'키네시스적 인생'과 '에네르게이아적 인생' 중
나는 어떤 인생을 살고 있는가?

다시 태어난다면, 아니 지금부터는 어떻게 살고 싶은가?